Marga Bielesch

Nur zu Besuch

humboldt

INHALT

Hinweis: Die im Buch verwendeten Personenbezeichnungen beziehen sich immer auf alle Geschlechter im Sinne der Gleichbehandlung.

Für Lila

Da saßen wir, dein Papa und ich, mit viel Liebe im Herzen und Angst im Verstand. Weit weg von deinen großen Schwestern und doch so liebevoll verbunden mit dir, in unseren Armen.

Wir haben in den Tagen im Kinderhospiz nur wenig geredet. Für diese Situation gab es auch keine passenden Worte. Am Ende hast du, mein geliebtes Kind, entschieden, wann du gehst. Die einzige Entscheidung, die du in deinem kurzen Leben treffen durftest.

An einem Dienstagnachmittag bist du für immer eingeschlafen. Ganz nah an unseren Herzen und mit ein paar liebevollen Worten von uns in deinen Ohren. Die Luft im Garten, in dem wir mit dir saßen, war warm und klar, es war ganz ruhig um uns herum.

Wir haben dein ganzes Leben mit dir verbringen dürfen und wir hoffen, dass du all unsere Liebe bis in jede Faser deines Körpers gespürt hast. Dein Papa und ich, wir haben alles gegeben.

In unsagbar tiefer Liebe.

Für deine Schwestern

Meine geliebten Kinder, noch wisst ihr nicht, was ihr geleistet habt und wie stark ihr seid. Wir sind unglaublich stolz, dass wir eure Eltern sein dürfen. Ihr habt euch so liebevoll von eurer Schwester verabschiedet und ihr habt ihr einen festen Platz in eurem Leben geschenkt. Dafür sind wir euch sehr dankbar.

Auch für euch blieb die Welt stehen und auch eure Träume sind zerplatzt. Für uns war es schwer, euch so traurig zu sehen.

Lacht, tanzt und seid wieder frei. Eure kleine Schwester schaut euch ganz gewiss dabei zu.

In Liebe.

VORWORT

Liebe muss nicht perfekt sein, sondern echt. Wer kennt ihn nicht, diesen eindrucksvollen Spruch. So wahr und ehrlich, wer braucht schon „perfekt“. Liebe soll besonders, einzigartig, herausfordernd und beständig sein. Wie ein Diamant mit Ecken und Kanten, der im Inneren kraftvoll funkelt.

Haben Paare einen Kinderwunsch, ist da vor allem eines: ganz viel Liebe, Freude und Hoffnung. Wer ahnt schon, dass so ein liebevolles Ereignis auch schlimm ausgehen kann. Der Tod eines Kindes trifft Eltern meist unvorbereitet und nimmt ihnen all das, auf was sie sich so sehr gefreut haben.

Manchmal ist das Leben verdammt unfair und schreibt seine eigenen Geschichten. Die Welt bleibt für einen Moment stehen und wenn sie sich weiterdreht, ist nichts mehr, wie es war.

Ihr habt euer Kind verloren und es gibt nichts Schlimmeres, was Eltern widerfahren kann. Diesen Verlust gemeinsam zu verarbeiten, braucht Zeit und eine gehörige Portion Mut, weil trauern gar nicht so ohne ist.

Männer und Frauen sind verschieden. Es liegt in der Natur der Sache, dass ihr unterschiedliche Strategien nutzen werdet, um mit der Ausnahmesituation zurechtzukommen. Das kann manchmal zu Missverständnissen führen, die es zwischen euch beiden schwierig werden lassen.

Vielleicht geht ihr beide völlig unterschiedlich mit eurer Trauer um und könnt das Verhalten des anderen nicht verstehen, geschweige denn richtig einordnen. Vielleicht denkt ihr auch, dass ihr euren individuellen und persönlichen Trauerweg nicht gehen dürft, damit ihr den anderen nicht verletzt. Missverständnisse können zu Paarkonflikten führen und nicht selten ist auf einmal jeder in eine andere Richtung unterwegs.

Die meisten Verletzungen, die sich Partner*innen zufügen, entstehen nicht, weil sie sich nicht lieben, sondern aus Unwissenheit und Unachtsamkeit. Fühlt ihr euch von einer Situation überrumpelt, reagiert ihr mit Sicherheit ganz oft impulsgesteuert und ohne darüber nachzudenken. Und schon ist es passiert: Einer ist verletzt.

Um das eigene Kind zu trauern ist ein Ausnahmezustand, und zwar für beide Seiten. Deshalb ist es entscheidend, wie ihr euch in dieser herausfordernden Zeit begegnet.

Schafft ihr es gemeinsam, so eine große Aufgabe, die euch das Leben gestellt hat, zu bewältigen, dann werdet ihr persönlich, aber auch als Paar daran wachsen. Keiner hat euch vorher gefragt, ob ihr überhaupt wachsen wolltet, ihr müsst die Situation annehmen und versuchen damit zurechtzukommen. Entscheidend ist, dass eure Beziehung daran nicht zerbricht, denn das hätte euer Kind nicht gewollt.

Wachsen tut weh und ist doch so entscheidend für alles Weitere, was kommt. Also seid mutig und mutet euch zu, denn nur so könnt ihr wirklich füreinander da sein.

Aus meiner beruflichen Erfahrung als Paartherapeutin und durch den Verlust meines dritten Kindes weiß ich, was es heißt als Paar zu trauern. Dass Trauer überwältigend ist und einen mit voller Wucht aus dem Leben wirft. Trauer ist ein starkes und mächtiges Gefühl.

Noch viel mehr weiß ich aber, dass Trauer sich verändert, wenn man die Augen vor ihr nicht verschließt. Darf sie kommen, wird sie irgendwann sanfter und möchte weiterziehen. Sie behält jedoch immer einen besonderen Platz in eurem Leben, weil die Liebe zu eurem Kind nie enden wird, da könnt ihr euch sicher sein.

Trauern ist Liebe und somit wird sie auch immer ein Teil von euch sein. Dieser Teil tut am Anfang unsagbar weh, er verwandelt sich aber irgendwann und mit der Zeit in tiefe Liebe zu eurem Kind.

Da ihr beide immer nur kurze Strecken auf eurem Trauerweg gemeinsam gehen werdet, ist es hilfreich, wenn ihr das Verhalten des anderen besser versteht. Das kann dazu führen, dass es zu weniger Missverständnissen zwischen euch kommt und ihr es schafft, ein tiefergehendes Verständnis füreinander zu entwickeln, welches ihr für euren Trauerweg benötigt.

Wie viele Eltern, die ein Kind verloren haben, möchte auch ich nicht, dass meine Lila in Vergessenheit gerät. Aus diesem Grund und weil ich euch in der schwersten Zeit eures Lebens Mut machen und bestärken möchte, habe ich dieses Buch geschrieben.

Unsere Kinder gab es, auch wenn sie vielleicht nur sehr kurz bei uns waren. Sie waren auf einer Reise, haben uns besucht und sind viel zu früh weitergezogen. Ich möchte durch den Titel meines Buches „Nur zu Besuch“ dem Tod ein liebevolleres Gewand geben. Ein Bild vom Tod, welches tragen darf und nicht zusätzlich schwächt.

Unsere Kinder waren da. Manche von ihnen etwas kürzer, andere länger, eben nur zu Besuch.

EINLEITUNG

Ein Kind zu verlieren ist das Traurigste, was Eltern passieren kann, und macht am Anfang vor allem eines: ohnmächtig. Eine derartige Krise als Paar meistern zu müssen, macht außerdem hilflos und überfordert.

Dieses Buch möchte euch als Paar darin bestärken und ermutigen, euren ganz individuellen und vor allem persönlichen Trauerweg zu gehen. Es möchte euch als trauernden Eltern Orientierung schenken, damit ihr gestärkt aus der Krise hervorgehen könnt. Eine solche Krise zu meistern ist schwer, aber möglich.

Trauern ist ein Prozess, der Zeit benötigt. Ich möchte euch mit diesem Buch Handwerkszeug, Übungen und Strategien an die Hand geben, damit ihr die Krise gemeinsam als Paar bewältigt. Die Angebote sind mit einem Diamanten gekennzeichnet und können Schritt für Schritt nachvollzogen werden. Seht diese bitte immer als eine Möglichkeit von mehreren. Gut wäre, wenn ihr Verschiedenes ausprobiert und danach entscheidet, was zu euch passt.

Fühlt euch bitte bei den Übungen ganz frei. Ihr könnt sie entweder Schritt für Schritt durchführen und ausprobieren oder ihr geht die Übungen gedanklich durch. Gut wäre, wenn jeder für sich entscheidet, was sich für ihn bzw. sie richtig anfühlt. Ihr müsst auch nicht alle Übungen zwangsläufig zusammen durchführen. Nur eines ist wichtig, und zwar dass ihr euch mit den verschiedenen Themen auseinandersetzt. Wie ihr das machen wollt, das entscheidet ihr.

Resilienz ist innere Stärke, die uns durch schwere Zeiten trägt. Die uns durch den Sturm hilft, wenn der Wind am härtesten weht. In diesem Buch findet ihr Übungen und Impulse, mit denen ihr eure Resilienz stärken könnt.

Im Buch verteilt findet ihr außerdem in Kästen die Erfahrungsberichte von anderen betroffenen Eltern. Sie erzählen euch ihre Geschichten, wie sie den Verlust erlebt haben und was ihnen geholfen hat, die Krise zu bewältigen. Meine eigene Geschichte, aber auch die Erfahrungen aus meiner täglichen Arbeit fließen in dieses Buch mit ein. Wie ihr merkt, seid ihr nicht allein.

Während der Trauer fällt es nicht immer leicht, längere Texte zu lesen oder sich zu konzentrieren. Am besten ihr benutzt das Buch so, dass es gut in euren Alltag passt. Ihr könnt es Stück für Stück lesen und auch mal zu Seite legen. Dieses Buch wurde nicht dafür geschrieben, dass es in einem Ritt gelesen werden muss. Vielmehr dürft ihr die Kapitel lesen, die für euch in einer bestimmten Phase gerade wichtig und vor allem dran sind.

Für verstorbene Kinder gibt es umgangssprachlich verschiedene Begrifflichkeiten, wie zum Beispiel Sternen-, Schmetterlings- oder Himmelskinder. Auch die Eltern finden sich in unterschiedlichen Bezeichnungen wieder, wie zum Beispiel Sternenkindeltern oder verwaiste Eltern. Doch nicht jeder Mensch fühlt sich mit diesen Begriffen wohl und das muss auch nicht sein. An dieser Stelle wäre es gut, wenn ihr für euch eine Bezeichnung wählt, mit der ihr euch identifizieren könnt.

Trauern ist ein individueller Prozess und dieses Buch könnt ihr auch als einen Prozess ansehen. Integriert es in euren ganz persönlichen Trauerweg. Nur Mut. Ihr macht das gut! Eure Liebe ist kostbar.

DIE WELT STEHT STILL

Ihr habt euer Kind verloren und das ist das Traurigste, was Eltern passieren kann. Nichts ist mehr, wie es war und die Trauer erscheint grenzenlos. Und doch ist es möglich, dass ihr beide zusammen als Paar wieder in euer Leben zurückfindet. Dieses Kapitel hilft euch dabei, die Verarbeitung einzuleiten.

Vielleicht fragt ihr euch, ob man so einen schweren Schicksalsschlag jemals verarbeiten wird. Einfach weiterleben ohne das eigene Kind, wie soll das gehen? Wie jemals wieder glücklich werden, wenn doch jemand ganz Wichtiges fehlt? Wie kann unsere Beziehung so etwas Schlimmes aushalten? Wie können wir den Schmerz je ertragen?

Den Tod des eigenen Kindes zu verarbeiten, ist eine enorm große Aufgabe, der man eigentlich nicht gewachsen sein kann. Stirbt ein Kind, haben einige Eltern das Gefühl, dass auch ihr Leben vorbei sei.

Nein, Zeit heilt nicht alle Wunden. Nicht, wenn das eigene Kind stirbt. Aber ihr könnt lernen, mit dem Unfassbaren zu leben.

Wie ihr das Traurigste, was Eltern passieren kann, gemeinsam bewältigt

Die Vorfreude auf ein gemeinsames Leben mit eurem Kind war groß und plötzlich musstet ihr viel zu früh Abschied nehmen. Euer Kind ist ein Geschenk eurer Liebe und ihr hattet euch die Zukunft anders ausgemalt. Eigentlich wollen doch alle Eltern das eigene Kind beim Aufwachsen beobachten, ihm die Welt zeigen und gemeinsam Meilensteine feiern. Und all das könnt ihr nicht mehr tun, denn euer Kind ist nicht mehr da.

Viele Eltern spüren, nachdem sie vom Tod ihres Kindes erfahren haben, eine innere Lähmung. Es fühlt sich so an, als könne man sich selbst nicht mehr richtig spüren.

Für Außenstehende ist es nur schwer nachvollziehbar, dass eine Fehlgeburt auch schon im Frühstadium der Schwangerschaft als großer Verlust erlebt werden kann. Die Bindung an ein Kind beginnt jedoch ab dem Tag, an dem sich die Eltern für ein Kind entschieden haben. Ab diesem Tag ist das Kind in den Gedanken der Eltern und auch, wenn es noch nicht geboren ist, einfach immer da.

Vielleicht unterscheidet sich die Trauer etwas von der Trauer der Eltern, die ihr Kind zu einem späteren Zeitpunkt der Schwangerschaft oder danach verloren haben. Es macht jedoch keinen Unterschied, denn sie ist trotzdem da.

„*‚Wenn die Nächte am dunkelsten sind, ist der Morgen nicht weit‘* – wie oft ging mir diese Strophe durch den Kopf, als ich im Krankenhaus neben dem Bett von meinem Kind saß. Ich berührte und streichelte es von früh bis abends und immer mit der großen Hoffnung im Herzen, dass doch noch alles irgendwie gut ausgeht.

Mit einem Bild vor Augen, wie wir beide vom Krankenhaus abgeholt werden. Ich wollte mir etwas Schönes anziehen und überall waren Luftballons.

Mir wurde mal gesagt, dass Zukunftsbilder über schlimme Zeiten hinweghelfen, und das tun sie, aber sie werden nicht immer Realität.

Wie gerne hätte ich mich hübsch gemacht und mein zauberhaftes Baby voller Stolz aus der Klinik getragen. Dieses Zukunftsbild wurde aber nicht wahr."

Eine Mutter

Mitteilung und Schock

Erhalten Eltern vom Arzt die niederschmetternde Mitteilung vom Tod ihres Kindes, dann erleben die meisten von ihnen einen Schock. Vielleicht habt ihr das Gefühl, es läuft ein Film ab, mit dem ihr aber selbst nichts zu tun habt. Die Umwelt wie durch einen Schleier wahrzunehmen, ist ein Schutz eurer Psyche vor totaler Überforderung.

Der Schock kann abhängig von der Situation ein paar Stunden, Tage oder Wochen andauern. Er kann in euch das Bedürfnis nach Rückzug hervorrufen.

Im Schockzustand steigt der Adrenalinspiegel, welcher die Denkfähigkeit herabsetzt. Menschen, die einen Schock erleben, fühlen sich wie in einer Erstarrung und erleben innerlichen Stress.

Grundsätzlich dürft ihr den für euch besten Weg finden, um mit der Nachricht und dem Schock umzugehen. Vielleicht möchtet ihr mit anderen über euren Verlust reden, vielleicht aber auch nicht. Wenn ihr weinen wollt, dann weint und es ist ganz egal, ob euch jemand dabei zusieht. Möchtet ihr schreien, dann lasst euren Schmerz raus, aber achtet darauf, dass ihr dabei niemanden durch eure Worte oder körperlich verletzt.

Um das eigene Kind zu trauern oder Trauerbewältigung heißt nicht, dass ihr euer Kind loslassen oder es gar vergessen sollt. Es kann auch sein, dass euch am Tag der Fehlgeburt, des Entbindungstermins, am Himmelsgeburtstag oder am Todestag in jedem Jahr wieder tiefe Traurigkeit überkommt.

Trauern ist Liebe und die Liebe zu eurem Kind wird nie vergehen.

„Bei unserer fünften Fehlgeburt war es ein riesiger Schock, denn wir haben schon das Herzchen schlagen gesehen und es hat sich jede Woche weiterentwickelt. Auch die Ärzte gaben uns allen Anlass zum Hoffen, nur um dann wieder den Satz zu hören ‚*Ich kann keinen Herzschlag mehr finden*'. Dieser Satz hat uns regelrecht den Boden unter unseren Füßen weggezogen.

Wieder mal mussten wir eine Hoffnung und eine Zukunft begraben, ohne zu wissen, ob jemals eine Zukunft mit Kind möglich sein würde. Darauf folgte eine sehr lange Zeit der Trauer mit vielen Tränen und vielen Gesprächen zwischen uns.

Mein Mann konnte wochenlang keinen Ton mehr singen und seitdem ist er auch viel näher am Wasser gebaut. Was wir gerade bei diesem Verlust realisieren mussten, ist, dass wir nichts unter Kontrolle haben, egal wie sehr wir versuchen, es zu kontrollieren.

Leben und Tod liegen niemals in unseren Händen, sondern werden gegeben und genommen. Wünsche und Pläne gehen nicht in Erfüllung, nur weil man fest genug dran glaubt oder daran arbeitet."

Eltern

Begreifen müssen

Der Tod eines Kindes trifft Eltern meist unerwartet. Umso schwerer ist es, die Wirklichkeit des Verlustes, den Tod, zu verstehen und zu begreifen. Mit der Zeit zu erkennen: Unser Kind ist wirklich nicht mehr da. Wir träumen nicht.

Die Tatsache, dass ihr den Tod eures Kindes erstmal realisieren müsst, ist die erste und gleichzeitig eine unendlich schwere Aufgabe. Vielleicht kommen euch immer wieder die gleichen Gedanken in den Sinn, in denen ihr euch fragt: *„Ist das wirklich wahr?“* oder *„Ist das wirklich passiert?“*

Wenn ihr euch nicht verabschieden konntet, dann fällt das Begreifen besonders schwer. Wie auch begreifen können, wenn man vor der Narkose noch schwanger war und auf einmal nicht mehr. Vielleicht hattet ihr auch ganz viel Angst, euer totes Kind zu sehen, weshalb ihr das Kennenlernen abgelehnt habt. Und vielleicht wünscht ihr euch jetzt, dass ihr diese Entscheidung rückgängig machen könntet, aber es geht nicht.

Zu begreifen, dass dies nicht nachgeholt werden kann und wohl für immer eine unstillbare Sehnsucht zurücklässt, ist schwer. Und doch ist es notwendig, damit ihr den Verlust irgendwann bewältigen könnt.

Was euch helfen kann, um die Verarbeitung einzuleiten:

- Erzählt anderen eure Geschichte, denn das holt euch aus der Sprachlosigkeit und der Betäubung heraus.
- Berührungen durch den bzw. die Partner*in, zum Beispiel Umarmungen oder Hand halten, führen zur Ausschüttung des Bindungshormons Oxytocin. Dieses baut Stress ab, löst Ängste und stärkt die Bindung.
- Atemübungen können das Wohlbefinden steigern. Wie gestaltet sich eure Atmung, ist sie zum Beispiel schnell, langsam, flach, tief …? Durch bewusste Atemübungen könnt ihr Schmerzen und Stress loslassen und abatmen. Bei der bekannten 4-7-11-Methode ist das Prinzip, 4 Sekunden lang ein- und 7 Sekunden lang auszuatmen – und das über eine Dauer von 11 Minuten. Am besten, ihr wiederholt die Atemübung täglich. Durch die Übung reguliert ihr euer vegetatives Nervensystem, der Herzschlag wird langsamer und Entspannung tritt ein.
- Aromatherapie kann hilfreich sein für die Harmonisierung der Gefühle: Bergamotte ist das Öl für Lebensfreude, Kamille beruhigt, man kann beide mischen. Dazu können auch Zypresse, Majoran und Lavendel genutzt werden. Wilde Orange zusätzlich wirkt ebenfalls stimmungsaufhellend. Melisse beruhigt das Gemüt.
- Bewegung draußen an der frischen Luft oder drinnen im Raum kann helfen, dass ihr euch besser fühlt.

„Wir hatten in der 17. Schwangerschaftswoche einen auffälligen NIPT. Das ist ein Bluttest auf die Trisomien 13, 18 und 21. Durch eine Fruchtwasserpunktion wurde bei unserem Sohn Moritz eine freie Trisomie 13 bestätigt. Wir waren ziemlich geschockt und gleichzeitig im Vertrauen, dass wir irgendwie einen guten Weg finden würden. Schritt für Schritt.

Uns wurde zunächst ein Schwangerschaftsabbruch nahegelegt. Das sei ganz kurzfristig möglich. Ich habe erschrocken abgelehnt. Wir wollten Zeit haben, bevor wir eine so weitreichende Entscheidung für unsere Familie treffen. Gut drei Wochen lang sortierten wir unsere wirren Gedanken, lasen Erfahrungsberichte, sammelten Informationen und redeten miteinander über alle Fragen und Sorgen. Das war das Wichtigste in dieser gesamten Zeit des Weitertragens: im Gespräch zu bleiben.

Wir sprachen miteinander, mit unserer Familie und Freunden und wurden durch ein gutes professionelles Netzwerk gestützt. So entschieden wir uns für eine palliative Geburt: Unser Moritz sollte seinen Weg gehen dürfen. Wir erklärten auch unseren Töchtern, dass es ihrem kleinen Bruder im Bauch gut gehe, aber niemand wisse, wie lange er bei uns sein würde.

Neben aller Traurigkeit konnten wir so die Zeit mit ihm im Bauch auch genießen und Erinnerungen an die Zeit zu fünft schaffen. Wir feierten Weihnachten, rodelten, erlebten einen Frühling. Es war eine traurig-schöne Zeit. 150 Tage Willkommen und Lebewohl bis zu seiner Geburt.

Zweieinhalb Tage verbrachten wir anschließend zu Hause, lernten uns kennen, kuschelten und genossen die gemeinsame Zeit, bevor er in unseren Armen starb."

Eltern

Warum ist das passiert?

Die Frage nach dem „*Warum*" und „*Warum gerade wir*" findet manchmal ihre Antwort, indem betroffene Eltern die Schuld für das, was geschehen ist, bei sich selbst suchen. Bei manchen von ihnen kommen auch Gedanken auf, dass sie für irgendetwas bestraft wurden.

„Mir ging den ganzen Tag nur ein Satz durch den Kopf: Ich werde für etwas bestraft. Ich wusste nicht wofür, aber ich wusste, ich bin daran schuld."

Eine Mutter

Nicht selten beschäftigt eine Frau auch der Gedanke, dass sie in der Schwangerschaft etwas falsch gemacht haben könnte. Und auch die Männer lässt die Frage nach dem Warum nicht los.

Egal welche quälenden Gedanken bei euch aufkommen, euch trifft keine Schuld. Hast du, liebe Mama, in der Schwangerschaft gut für dich und dein kleines Wunder gesorgt, dann hast du alles getan, was dir möglich war.

Ärztinnen und Ärzte sprechen in diesem Zusammenhang oft von einer Laune der Natur. Ich persönlich finde diese Aussage sehr verletzend, entscheidend ist aber, was ihr daraus macht. Wenn euch die Aussage hilft, dann nutzt sie. Hilft sie euch nicht, dann sortiert sie aus.

„Es drängten sich immer wieder Fragen auf, und zwar jene, ob ich irgendetwas falsch gemacht habe. Vielleicht hatte ich etwas Falsches gegessen oder etwas übersehen. Es musste doch einen Grund geben."

Eine Mutter

Das sagt der Kopf

Haben Eltern vom Tod ihres Kindes erfahren, dann kreisen bei vielen die Gedanken. Das ist eine natürliche Reaktion auf den Verlust. Auch, wenn diese Gedanken zermürbend sind, das ist ein Teil eurer Trauer.

Vielleicht beschäftigen euch immer wieder die gleichen Fragen: *„Hatte ich in der Schwangerschaft zu viel Stress? Ist mein Körper nicht fähig, ein gesundes Kind zu gebären? Bin ich nicht in der Lage, ein gesundes Kind zu zeugen? Ist mein Körper zu alt für eine Schwangerschaft? Hätte ich es merken müssen? Habe ich die Zeichen, die mir mein Kind gesendet hat, übersehen?"*

Wenn Fragen keine Antworten bekommen, dann sucht sich der Kopf Antworten und diese können unter Umständen sehr belastend sein. Deshalb wäre es gut, wenn ihr eure Gedanken miteinander teilt. Sprecht darüber, was euch beschäftigt und wie es euch damit geht. Gleichzeitig kann es entlastend wirken, sich einer Vertrauensperson mitzuteilen. Wem in eurem Umfeld könnt ihr euch anvertrauen?

Auch der Austausch mit anderen betroffenen Eltern, der/dem Gynäkolog*in oder der Hebamme kann Klarheit bringen und gleichzeitig ein klein wenig stärken.

Sucht das Gespräch und mutet euch zu. Nur Mut!

Das sagt die Medizin

Damit die Verarbeitung in Bewegung kommen kann, ist es manchmal hilfreich zu wissen, warum so etwas passiert.

Interview mit Gynäkologin Miriam M. Mottl

Welche medizinischen Gründe gibt es für Verluste während der Schwangerschaft, vor oder bei der Geburt oder nach der Geburt? Und wie geht es danach weiter? Die Gynäkologin und Kinderwunschärztin Miriam M. Mottl beantwortet hierzu ein paar Fragen.

Warum kommt es aus medizinischer Sicht zu Verlusten in der Schwangerschaft, bei Geburt oder nach der Geburt?

Bis zur 12. Schwangerschaftswoche spricht man aus medizinischer Sicht von einer frühen Fehlgeburt oder kleinen Geburt. Eine späte Fehlgeburt oder stille Geburt liegt zwischen der 13. und 24. Schwangerschaftswoche, danach ist ein Kind theoretisch überlebensfähig. Bei einem Gewicht ab 500 g spricht man von einer Totgeburt.

Etwa 20 bis 30 Prozent der Schwangerschaften enden in kleinen oder stillen Geburten. Dabei liegen 80 Prozent vor der 12. Schwangerschaftswoche. Wird ein Kind lebend geboren und verstirbt innerhalb der ersten 28 Tage, dann spricht man von einem Neugeborenentod. Stirbt ein Kind plötzlich und unerwartet ohne eine medizinische Erklärung, dann wird dies als plötzlicher Kindstod (SIDS) bezeichnet.

Was sind mögliche Ursachen für Verluste?

Eine der häufigsten Ursachen für kleine und stille Geburten sind **Chromosomenstörungen**. Das bedeutet, dass es eine genetische

Ursache gibt, also Mutationen, die neu oder bei der Zellteilung auftreten können. Chromosomenstörungen bedeuten nicht, dass die Eltern genetische Auffälligkeiten haben.

Hormonelle Ursachen sind zum Beispiel Progesteronmangel, welcher aber substituiert werden kann. Andere hormonelle Ursachen sind zum Beispiel sehr hohe Schilddrüsenhormone, aber auch Gerinnungsstörungen können eine Gefahr für das ungeborene Baby sein. Denn Mikrothromben in der Schwangerschaft können dazu führen, dass das Kind nicht mehr richtig versorgt werden kann.

Für **Blutgerinnungsstörungen** kann zum Beispiel die Faktor-V-Leiden-Mutation verantwortlich sein, eine Erbkrankheit, die die Blutgerinnung stört. Die Frauen, die dies betrifft, leiden oft an wiederholten Fehlgeburten.

Wenn die **Gebärmutter** eine **besondere Form** hat, kann dies eine Ursache für eine Fehlgeburt sein. Dazu zählen zum Beispiel eine herzförmige oder eine doppelte Gebärmutter. Auch Myome, also Muskelknoten der Gebärmutter, die in die Gebärmutterhöhle ragen, oder Polypen stellen ein solches Risiko dar.

Ursachen für stille Geburten in einer höheren Schwangerschaftswoche haben häufig eine **Infektion** zur Ursache. So können zum Beispiel Röteln, Masern oder Toxoplasmose zu einer Fehlgeburt führen. Eine weitere Ursache für eine kleine oder stille Geburt kann **immunologischer Natur** sein. Darauf möchte ich aber nicht näher eingehen, da dies ein sehr weites Thema ist und die Forschung noch viel in dem Bereich zu tun hat.

Leider finden wir in vielen Fällen keinen Grund, aber durch die wissenschaftliche Arbeit vieler Kolleg*innen werden immer wieder neue Ursachen gefunden.

Die Ursachen für den Neugeborenentod können angeborene Fehlbildungen des Kreislaufsystems, des Nervensystems, der Atmungs- und Verdauungsorgane, Chromosomenanomalien, Komplikationen bei der Geburt, infektiöse Erkrankungen, Probleme mit der Nabelschnur oder Anpassungsstörungen sein.

Der plötzliche Kindstod ist nicht die Folge einer „Krankheit", die sich auf eine bestimmte Ursache zurückführen lässt. Es wird davon ausgegangen, dass es sich um Todesfälle ohne einheitliche Ursache handelt.

Welche Möglichkeiten haben Frauen, wenn eine Schwangerschaft nicht mehr intakt ist? Ist eine Kürettage, also eine Ausschabung, immer notwendig?

Es gibt verschiedene Möglichkeiten, wie damit umgegangen wird, worauf ich gleich genauer eingehe, denn dies hängt von der Schwangerschaftswoche und der Größe des Kindes ab. Die wichtigste Botschaft lautet aber, dass die Frau sich erstmal Zeit nehmen darf. Zeit für sich, zum Realisieren, und Zeit für ihre Entscheidung.

Diese muss nicht am selben Tag fallen, denn eine Frau hat Anspruch auf Zeit. Man kann immer erstmal abwarten und sich jederzeit umentscheiden. Eine Frau muss die Entscheidung auch nicht allein treffen, sondern am besten gemeinsam mit ihrem bzw. ihrer Partner*in. Beide können sich dafür mehrere Tage Zeit nehmen, solange keine Schmerzen und kein Fieber auftreten.

Starke Blutungen, die den Kreislauf der Frau beeinträchtigen, dürfen nicht auftreten, leichte Blutungen sind hingegen normal.

Wie wird vorgegangen, wenn eine Schwangerschaft nicht mehr intakt ist?

Eine Frau hat bei einer kleinen Geburt die Möglichkeit, auf ein **natürliches Ende der Schwangerschaft** zu warten. Ohne medizinische Eingriffe werden die Überreste der Schwangerschaft ausgeschieden.

Kleine Geburten, also frühe Fehlgeburten, können zu Hause geschehen. Wichtig ist, dass sie von einer Hebamme oder Doula begleitet werden. Eine Doula ist eine nicht medizinische Helferin, die einer Frau emotional und körperlich zur Seite steht. Stille Geburten, also größere Geburten, müssen in der Klinik stattfinden und benötigen ebenso eine Begleitung durch Hebammen und Ärzte.

Der Sinn der vaginalen Geburt ist die Selbstbestimmung und dass sich die Eltern von ihrem Kind verabschieden können. Auf die Geburt zu warten hat viele Vorteile, denn eine Frau bekommt Zeit, die Situation anzunehmen und zu begreifen.

Heutzutage haben eigentlich alle Kliniken kleine Nestchen, Babydecken und einen Sternenkinderfotograf. Die Sternenkinder der kleinen Geburten werden von den Kliniken in Gemeinschaftsgräbern beigesetzt.

Welche weiteren Möglichkeiten gibt es?

Es gibt auch die Möglichkeit, die Geburt einzuleiten und dies ist oft üblich. Dafür wird das Medikament Prostaglandin genutzt, um die Wehen einzuleiten. Früher fand die Medikamenteneinnahme in der Klinik statt, heute gibt es auch die Möglichkeit, die Tabletten zu Hause einzunehmen mit vorheriger ärztlicher Beratung.

Dadurch kann eine Frau selbstbestimmt entscheiden, wann sie das Medikament einnimmt, die Geburt findet in vertrauter Umgebung statt und dies fördert die Trauerbewältigung. Hier ist es wichtig, bei Beschwerden, starken Blutungen oder starken Schmerzen schnell eine Klinik aufzusuchen.

Bei späten stillen Geburten muss fast immer eine zusätzliche Ausschabung vorgenommen werden, weil sich die Plazenta nicht mehr so gut löst. Diese Geburten finden im Regelfall in der Klinik statt. Bei einer **Ausschabung** oder Saugkürette wird während einer kurzen Narkose die Gebärmutter mittels eines medizinischen Instruments namens Kürette gereinigt. Damit werden vorsichtig die Frucht, die Eihäute und Fruchthöhle entfernt.

Jede Frau sollte selbst entscheiden, welchen Weg sie für sich wählt. Es gibt hierbei kein Richtig oder Falsch.

Wie kann ein Paar damit umgehen, wenn sich bei der Pränataldiagnostik Auffälligkeiten zeigen?

Zeigen sich bei der **Pränataldiagnostik** Auffälligkeiten mit der Empfehlung, den Fetus abzutreiben, weil das ersehnte ungeborene Kind nicht lebensfähig ist, dann liegt das einzig und allein in der Entscheidung der Eltern. Diese sollten hierbei gut in sich hineinhören und miteinander reden, um für sich den passenden Weg zu finden.

Das ungeborene Kind auszutragen oder einen Fetozid zu wählen, ist eine persönliche Entscheidung. Ein Fetozid ist ein medizinisch indizierter Abbruch und bedeutet nicht, dass eine Frau keine Lust auf das Kind hat.

Die Trauer um den Verlust macht keinen Unterschied, gestaltet sich aber häufig länger und komplizierter. „*Ihr wolltet es doch so*“ ist eine häufige Aussage, die betroffenen Eltern begegnet, was mit jeder Menge Unverständnis einhergeht. Eltern bräuchten in dieser Situation Menschen, die die Last der Situation begreifen. Menschen, die verstehen, welche Verantwortung die Eltern auf sich genommen haben und die sie mit ihren Zweifeln, den vielen Gefühlen und der Trauer sehen.

Warum ist ein kleines Wochenbett wichtig?

Eine Geburt ist eine Grenzerfahrung und es kann sich auch bei einer schönen Geburt ein Trauma entwickeln. Das kleine Wochenbett ist notwendig, damit eine Frau das Erlebte verarbeiten kann, was Zeit braucht. Je resilienter eine Frau ist, desto geringer ist das Risiko, dass sich ein Trauma entwickelt.

Auch nach einer kleinen oder stillen Geburt hat eine Frau Anspruch auf Hebammenbegleitung, was viele nicht wissen. Ebenso ist das kleine Wochenbett wichtig für die Rückbildung.

Heutzutage gibt es Hebammen, die Rückbildungskurse für Sternenkind-Mamas anbieten. Diese berücksichtigen nicht nur, dass sich der Beckenboden wieder zurückbildet und in seine alte Kraft kommt, sondern ermöglichen auch den Austausch über das Erlebte unter den Mamas. Dies ist für die Verarbeitung und Trauerbewältigung sehr hilfreich.

Kann eine werdende Mutter erkennen, ob es ihrem ungeborenen Kind im Bauch nicht gut geht?

Nein, kann sie nicht. Frauen können dies nicht merken, da sich das Schwangerschaftshormon nur sehr langsam abbaut. Hormone und Plazenta produzieren weiter und das hat zur Folge, dass sich eine Frau weiterhin schwanger fühlt.

Macht es einen Unterschied, ob eine Frau ihr Kind in der Schwangerschaft, bei oder nach der Geburt verliert?

Nein, denn alle vereint das Gleiche. Alle haben ihr Kind verloren. Unabhängig vom Zeitpunkt des Verlustes müssen sich alle Eltern, und das schließt Frauen und Männer ein, von ihren Wünschen und Hoffnungen, die mit dem Kind verbunden waren, verabschieden.

Wie gestaltet sich eine Begleitung der Frauen nach einem Verlust? Welche Hilfen gibt es?

Die ersten Ansprechpartner*innen sind meist die Gynäkolog*innen, denn sie sind verantwortlich für die medizinische Behandlung und Beratung.

Der Frau steht eine Wochenbettbetreuung durch eine Hebamme und ein Rückbildungskurs zu, wenn dieser innerhalb von neun Monaten nach dem Verlust beendet ist. Eine Hebamme kann die Eltern durch die ersten Wochen des Abschieds begleiten. Sie hat nicht nur die seelischen Bedürfnisse der Mutter im Blick, sondern auch die des Vaters und der Geschwisterkinder.

Die Hebamme kann mit den Eltern über viele ihrer Fragen reden. Sie begleitet auch die Rückbildung, die Heilungsvorgänge nach der Geburt und das Abstillen als Teil des Abschieds.

Bei einer Totgeburt oder dem Tod eines Kindes gilt die allgemeine Schutzfrist nach einer Entbindung. Eine Frau hat Anspruch auf Mutterschaftsgeld.

Betroffene Eltern können sich zusätzlich psychologische Unterstützung suchen, es gibt viele Psychologen und Psychotherapeuten, die sich auf Trauerarbeit spezialisiert haben.

„Die Situationen von den Mitteilungen, dass unsere Kinder nicht mehr leben, waren bei unseren vier Fehlgeburten sehr unterschiedlich ...

Von einsetzenden Blutungen bis hin zu nicht mehr vorhandenem Herzschlag mit anschließender Kürettage. Ich fühlte in diesen Momenten unendliche Sprach- und Hilflosigkeit ... Schmerz und ein Gefühl von gelähmt sein.

Psychisch war es für mich als Schwangere leichter, auf natürlichem Weg in Ruhe mit meinem Mann den Abgang zu Hause zu erleben ... Und dann Schritt für Schritt Abschied nehmen zu können.

Viel traumatischer war der Moment, als auf dem Ultraschallmonitor einfach nichts mehr zu sehen war. Zwei Wochen zuvor noch ein fröhlicher Herzschlag und ein Name und nun gar nichts mehr. Und hinein in diese Wolke der Fassungslosigkeit die Ankündigung, dass ich sofort in die Klinik müsste. Wie im Tunnel liefen dann einfach die medizinischen Mechanismen ab ... Einfach so, als ob ich eine Puppe wäre. Ich war sprachlos und hilflos.

Als schwangere Mama legte man mich auf ein OP-Bett und ohne Baby wachte ich nach der Narkose auf. Ein Wimpernschlag und alle Hoffnungen waren vorbei.

Nach wenigen Stunden wurde ich kommentarlos entlassen, ohne psychologische Unterstützung, ohne den Hinweis, Anspruch auf eine Hebamme zu haben. Einfach so, als ob das eben so ist ... Ganz normal ... Einfach weiterfunktionieren. Und das alles, obwohl ich mich durch die Hormone noch immer schwanger fühlte.

Einfach brutal."

Eine Mutter

Schuldgefühle verstehen

Wenn euch Schuldgefühle belasten, dann seid ihr damit nicht allein. Viele Frauen und auch Männer fühlen diese nach einem Verlust. Schuldgefühle richten sich nicht selten gegen das eigene Selbst, manchmal wechseln sie aber auch zwischen der Innen- und Außenwelt hin und her.

Häufig sind Schuldgefühle ein unbewusster Versuch, die Ohnmacht besser auszuhalten. Sie können für eine trauernde Person auch eine wichtige Funktion einnehmen: Das Gefühl von Kontrolle und Selbstwirksamkeit in einer überwältigenden Situation zu behalten, kann dabei helfen, sich der Situation nicht hilflos ausgeliefert zu fühlen. Manchmal hilft es, sich mit eventuellen Schuldgefühlen auseinanderzusetzen, um den Verlust und die Hilflosigkeit nicht so stark spüren zu müssen. Zudem können sie eine vermeintliche Nähe zum verstorbenen Kind aufrechterhalten, in einer Welt, die aus den Fugen geraten ist.

Hinter Schuldgefühlen kann sich auch das Bedürfnis verbergen, das Geschehene wiedergutzumachen und dadurch Verantwortung tragen zu wollen. Wenn Schuldgefühle langfristig nicht angesprochen und verarbeitet werden, dann kann dies dazu führen, dass Trauer stagniert. Alle Gefühle dürfen sein und brauchen ihren Platz.

Jedes Gefühl weist uns auf ein Bedürfnis hin; möchtet ihr eure Gefühlswelt besser verstehen, dann lohnt es sich, das Bedürfnis oder die Sehnsucht zu verstehen, welche sich durch das Gefühl ausdrückt.

Schuldgefühle haben also eine Funktion und sie werden erstmal da sein. Da sie aber auf Dauer sehr belastend sein können, ist es hilfreich, mit anderen darüber zu sprechen. Wenn euch Gespräche mit anderen gerade schwerfallen oder ihr lieber für euch sein wollt, dann kann es auch hilfreich sein, sich einem Tagebuch anzuvertrauen.

Ich möchte euch gerne noch etwas sagen: Wenn ihr in der Schwangerschaft gut aufeinander aufgepasst habt, dann habt ihr getan, was euch möglich war. Ihr hättet durch euer aktives Tun nichts verhindern können.

Auch wenn du dich, liebe Mama, besser ernährt und weniger Stress gehabt hättest, es wäre so gekommen. Und auch wenn ihr euer krankes Kind noch mehr beobachtet und es noch besser versorgt hättet, es wäre so gekommen. Leider.

Egal welche Schuldgefühle euch quälen, versucht euch irgendwann von ihnen zu lösen, denn sie tun euch nicht gut.

Wenn die belastenden Gedanken zu viel Raum einnehmen, dann versucht euch von ihnen zu befreien, indem ihr sie wohlwollend hinterfragt. Besprecht die nachfolgenden Fragen, notiert eure Antworten auf einem Zettel und befestigt diesen an einem gut sichtbaren, geschützten Ort.

Immer dann, wenn eure Schuldgefühle der Meinung sind, sie müssten zurückkommen, lest eure Antworten durch. Versorgt diese Gefühle durch den Abgleich eurer Antworten, denn so könnt ihr sie nach und nach gedanklich kleiner werden lassen.

Überlegt gemeinsam:

- Hätten wir während der Schwangerschaft anders handeln können?
- Brauchen wir weitere Informationen und weiteres Wissen, um das Geschehene einordnen zu können?

- Laden wir uns möglicherweise mehr Verantwortung auf unsere Schultern, als wir in der Situation tatsächlich hatten?
- Kennen wir Schuldgefühle aus früheren Situationen?
- Konnten wir vorhersehen, wie sich die Situation entwickelt?

Wie ihr aushalten könnt, dass sich die Welt einfach weiterdreht

Dass der Alltag als „wäre nichts gewesen" einfach so weitergehen soll, ist für viele Eltern eine herausfordernde Situation. Gerade habt ihr euer Kind verloren und nur wenige Wochen später landen vielleicht schon wieder die ersten Arbeits-E-Mails im Postfach. Oder die Klassenleitung der großen Schwester bittet um einen Kuchen, weil ein Fest vor der Tür steht. Der Chef schreibt *„gute Besserung"* und fragt im selben Atemzug, wann ihr wieder zurück am Arbeitsplatz seid.

Die Beerdigung und das Abschiedsfest mussten vielleicht geplant, Ämterwege mussten vielleicht erledigt und Entscheidungen mussten vielleicht getroffen werden. Und all das hattet ihr vorher noch nie gemacht. Für euch ist eine Welt zusammengebrochen, aber ihr „sollt" vermeintlich funktionieren.

Im freien Fall

Am Anfang der Trauer fühlt es sich manchmal an wie im freien Fall. Man fällt und fällt und kann sich nirgendwo festhalten. Ihr beide fallt in ein Loch und nur ihr beide könnt euch da wieder herausholen.

Männer und Frauen greifen in diesem Zusammenhang auf unterschiedliche Strategien zurück. Warum das so ist, werdet ihr im Kapitel „Männer trauern anders als Frauen“ lesen.

„Wir erlebten einen ereignisreichen und gleichzeitig dumpfen Sommer. Für mich blieb die Zeit stehen, während sie sich ringsherum weiterdrehte. Ich brauchte Raum und Zeit für mich, für meine Gedanken an unseren Sohn Moritz.

Es war herausfordernd, unsere eigene Trauer zu erleben und die unserer Töchter zu begleiten. Gleichzeitig waren und sind die Mädchen auf eine wunderbar leichte Art mit ihrem kleinen Bruder verbunden, die uns schon oft zum Lächeln gebracht hat.

Ich verspürte einen inneren Druck, bald wieder arbeiten zu gehen und konnte es doch nicht. Meine Kraft reichte gerade so für den Familienalltag.

Freundschaften veränderten sich in dieser Zeit. Neben viel Anteilnahme und Mitgefühl spürte ich auch zusätzlichen Schmerz und Enttäuschung über Freunde, die plötzlich sehr still wurden.

Heute weiß ich, dass jeder sein Bestes gab und viele aus Unsicherheit schwiegen.

Während ich ein gutes halbes Jahr pausierte, arbeitete mein Mann weiter. Ihm tat die Struktur gut, um nicht den Boden unter den Füßen zu verlieren.

Auch ich spürte nach und nach wieder Leichtigkeit und Hoffnung, dass unser Leben anders gut werden würde. Es brauchte Zeit, mich mit dem Leben ringsum wieder zu verbinden, das Tempo der sich drehenden Welt erneut aufzunehmen.“

Eine Mutter

Wenn ihr beide gerade an dem Punkt seid oder nur eine*r von euch bemerkt, dass ihm bzw. ihr der Alltag momentan besonders schwerfällt und sich keine richtige Tagesstruktur entwickelt, dann kann die folgende Übung hilfreich sein. Manchmal helfen schon kleine Übungen dabei, damit Dinge klarer werden können.

Übung „Mein Tag"

Nehmt euch einen Schnürsenkel oder ein Seil, solltet ihr gerade eins zur Hand haben. Alternativ könnt ihr die Übung auch mit Stift und Papier durchführen.

Schritt 1:
Legt den Schnürsenkel oder das Seil wie einen kleinen Weg vor euch aus. Dieser Weg soll symbolisch für euren Tag stehen. Wenn ihr die Übung mit Stift und Papier durchführt, dann malt einen Weg.

Schritt 2:
Symbolisiert mit Gegenständen, wie zum Beispiel Steinen, Figuren oder Tassen euren Tagesablauf. Danach besprecht folgende Fragen:

- Was ist in unserem Tagesablauf besonders wichtig und kann nicht verschoben werden (zum Beispiel regelmäßige Aufstehzeit)?
- Was kann vielleicht zu einem späteren Zeitpunkt erledigt werden (zum Beispiel einkaufen, Fenster putzen bzw. allgemein Haushalt)?
- Was soll im Tagesablauf unbedingt seinen Platz finden (zum Beispiel Pausen, Zeit zum Trauern)?

Es wäre gut, wenn ihr sowohl Dinge in euren Alltag integriert, die euch guttun als auch Dinge, die notwendig sind.

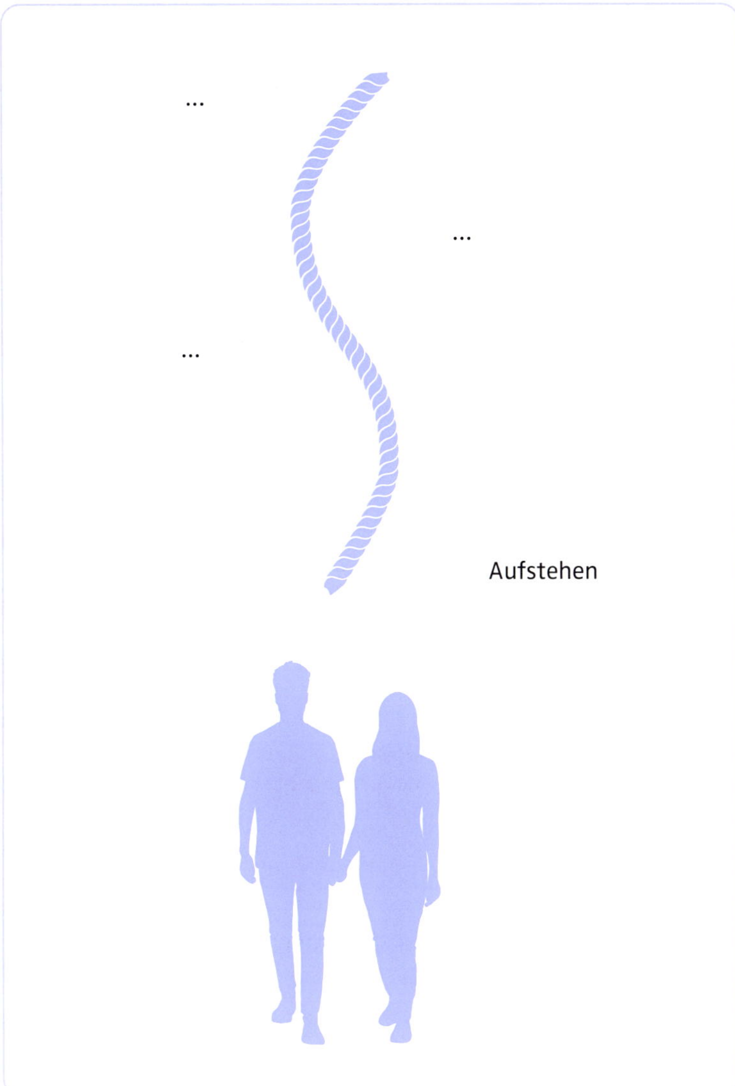

Übung „Mein Tag"

„Leider sind Fehlgeburten noch immer ein absolutes Tabuthema in unserer Gesellschaft, obwohl sie so viele Frauen erleben müssen. Das ist beschämend für eine Gesellschaft, die in so vielen anderen Bereichen Offenheit und Toleranz einfordert.

Ich musste erleben, dass am Arbeitsplatz ein Klima herrschte, was es nicht zuließ, Schwangerschaft oder Fehlgeburten offen zu kommunizieren. Daher war ich enormem Druck ausgesetzt, wenn ich mal wieder für ein paar Tage krank war. Eine wirkliche Zeit zur Regeneration wurde mir nicht zugestanden ... Ich hatte zu funktionieren.

Auch im privaten und medizinisch-professionellen Umfeld erlebten wir eher Ignoranz. Hier überwogen immer wieder Einstellungen wie, das kann eben im ersten Drittel passieren, das ist normal, es liegt eben am mütterlichen Alter bis hin zu es war ja eh noch kein richtiges Baby.

Aber man ist nicht nur ein bisschen schwanger. Ich war von der ersten Minute an vollständig schwanger – wir haben uns gefreut, gedanklich unser Leben als Familie geplant, einen Namen ausgesucht, ein kleines Mützchen oder ein paar Söckchen gekauft (mehr trauten wir uns nicht) und plötzlich war alles anders. Und auch wenn ich nur wenige Wochen schwanger war, hört die Trauer nicht nach einer Woche auf ... Nur weil es eben ‚normal' zu sein hat, eine Fehlgeburt zu haben.

Leider führte diese Erkenntnis dazu, dass wir uns kaum noch jemandem im privaten Umfeld anvertrauten. Emotionale Unterstützung war leider nicht zu erwarten und sich zu aller Traurigkeit auch noch für unseren weiterhin bestehenden Kinderwunsch und die bestehende Trauer rechtfertigen zu müssen, hätte unsere Kraft überstiegen."

Eine Mutter

Ohnmachtsgefühle erkennen

Erfahren Eltern vom Tod ihres Kindes, haben viele das Gefühl, ihr Leben nicht mehr im Griff zu haben. Hilflosigkeit macht sich breit und die Kontrolle entgleist. Ohnmachtsgefühle gehören zur Trauer dazu und sind nur schwer auszuhalten.

Keine Kontrolle über sich selbst, das Leben und die eigenen Gefühle zu haben, kann stark verunsichern. Der Tod entzieht sich jedoch unserer Kontrolle und führt zur Starre. Woher sollt ihr wissen, was dann zu tun ist?

Was euch bei Ohnmachtsgefühlen helfen kann:

- Eine Tagesstruktur kann Orientierung und Halt bieten. Zu erleben, dass etwas vorhersehbar und gleichbleibend ist, führt häufig zu dem Gefühl, einer Situation nicht komplett ausgeliefert zu sein. Im Alltag kann euch helfen, wenn ihr zum Beispiel täglich zur selben Zeit aufsteht oder feste Zeiten einplant.
- Mit dem bzw. der Partner*in oder mit anderen über die eigenen Ohnmachtsgefühle zu sprechen, schafft Nähe und Verbundenheit. Zudem kann ein Gespräch dazu führen, dass ihr etwas Last loswerden könnt.
- Im Alltag kleine Pausen einzulegen ist wichtig, damit ihr eure Kräfte und eure Grenzen im Blick behaltet. Wenn ihr etwas Unterstützung benötigt, dann könnt ihr bei eurer Familie oder bei Freund*innen danach fragen.
- Werdet aktiv! Macht Dinge, die ihr kontrollieren könnt und solche, bei denen ihr einen Vorher-Nachher-Effekt seht, wie zum Beispiel beim Aufräumen.
- Seid selbstwirksam, indem ihr euren Interessen nachgeht, wie zum Beispiel Malen, Schreiben, Sport oder Spaziergänge. Greift Tätigkeiten auf, die ihr gerne macht.

„Meine Kinder brauchten Halt und ihre Mama. Für sie war ich stark, ansonsten ging es mir nicht gut. Mein Mann hat mir vor allem am Anfang unserer Trauer viel Halt gegeben und sich dabei selbst oft verloren.

Ich habe über eine lange Zeit nur selten das Haus verlassen. Mein Antrieb war weg und ich wollte niemandem begegnen. Die fragenden und unangenehmen Blicke der anderen waren mir einfach zu viel.

Gerade am Anfang fiel mir eigentlich alles schwer und ich habe eigentlich nichts gemacht. Mehr als den Haushalt und für die Kinder stark zu sein habe ich nicht geschafft. Für mich war das okay, denn das habe ich gebraucht.

Normalerweise bin ich voller Tatendrang. Das war alles für eine lange Zeit weg und ist nur ganz langsam zurückgekommen. Ich habe mich so gelähmt gefühlt, dass ich nicht wusste, wie es weitergehen kann, aber es hat auch keine wirkliche Rolle gespielt. Ich saß einfach den ganzen Tag da und habe an mein Kind gedacht."

Eine Mutter

EURE TRAUERGEFÜHLE BESSER VERSTEHEN

Trauer ist bunt und geht mit vielen Gefühlen einher, die nicht immer so leicht zu verstehen sind. Und wenn man sich selbst mit seinem Verhalten und den Dingen, die man tut, nicht mehr richtig versteht, dann kann das verunsichern. Vielleicht stellt ihr euch manchmal die Frage, ob eure Trauerreaktionen noch „normal" sind? Ob es okay ist, dass ihr fühlt, was ihr fühlt? In diesem Kapitel erfahrt ihr mehr über Traueraufgaben, die Farben der Trauer und warum Männer und Frauen unterschiedlich trauern.

Trauer ist etwas sehr Persönliches und gestaltet sich bei jedem Menschen ganz individuell. Vielleicht hilft es euch dennoch bei der Verarbeitung, wenn ihr mehr über Trauer im Allgemeinen und die damit einhergehenden Traueraufgaben erfahrt.

Trauer darf so gut wie alles, entscheidend ist, dass ihr euch mit eurer Trauer auf den Weg macht. Das Wissen über Trauer kann euch dabei helfen, dass ihr wieder mehr bei euch ankommt. Das ist im ersten Schritt notwendig, um überhaupt loszugehen.

Das Leben ist nicht vorhersehbar oder planbar, auch, wenn das eigentlich seinen Reiz hätte. Es könnte Sicherheit geben, wenn man wüsste, was auf einen zukommt. Man könnte sich auf das Leben vorbereiten, sich darauf freuen, sich bestimmt auch mal davor verstecken und an manchen Stellen einfach wegrennen.

Das Leben ist aber nicht planbar. Es bringt den Zauber der Einzigartigkeit und Schönheit mit sich und stellt uns zugleich auch vor Lebensaufgaben. Ganz oft können wir im Leben kräftig lachen, wir werden aber auch weinen.

Das Leben bedeutet Entwicklung und wir entwickeln uns. Mit jeder Lebensaufgabe mehr, wenn wir die Augen davor nicht verschließen. Das kann manchmal hart sein und einen in der Grundsubstanz erschüttern, aber das ist der Weg. Leben halt.

Trauer fühlt sich an wie Heimweh. Da ist ganz viel Sehnsucht und ein schmerzliches Vermissen.

Wenn die Trauerwellen kommen, lernt mit ihnen zu schwimmen

Um das eigene Kind zu trauern ist wohl die größte Lebensaufgabe, vor die Eltern gestellt werden können. Der Schmerz ist grenzenlos und was bleibt, ist eine große Leere.

Trauer ist heutzutage immer noch ein Thema, mit dem unsere Gesellschaft noch keinen guten Umgang gefunden hat. Um ein Kind zu trauern ist vielerorts sogar ein gesellschaftliches Tabuthema.

Deshalb trauern viele Eltern im Verborgenen, obwohl sie doch so gerne über ihre Kinder sprechen wollen. Diese Situation, der sie ausgesetzt sind, ist zusätzlich schwer und belastend. Trauer ist ein

Gefühl, welches unsere Gesellschaft noch mehr kennenlernen und zulassen darf. Liebevoll zu trauern ist nicht leicht und doch so notwendig, damit der Schmerz heilen kann.

Ihr steht vielleicht gerade am Anfang eurer Trauer und fühlt euch von ihr überwältigt. Es ist keine leichte Situation, vor allem dann, wenn ihr so etwas vorher noch nie erlebt habt.

Trauer ist ein Gefühl, das in Wellen kommt und sich nicht durchgängig oder gleichbleibend zeigt. Manche Wellen werden euch umhauen, andere nur ins Schwanken bringen. Am Anfang sind die Wellen ziemlich hoch und nur schwer zu kontrollieren. Ein Gefühl, als könne man niemals aus dem Strudel herauskommen und müsse darin ertrinken. Der Versuch, vor einer Welle davon zu schwimmen ist sinnlos, weil diese einfach größer ist und einen zurückzieht.

Es wird eine Zeit kommen, in der die Wellen kleiner werden und es ruhiger wird. In dieser Zeit könnt ihr Luft holen und Kräfte tanken. Auch die Abstände zwischen den Wellen werden größer und doch werden sich auch wieder neue Wellen des Schmerzes anbahnen.

Das Bild vom „Wellenschwimmen“ hilft wunderbar, Trauer besser zu verstehen. Mit den Wellen im Meer kann man auch nicht von Anfang an schwimmen, denn das darf man erst lernen. Am Anfang muss man sich mit verschiedenen Dingen auseinandersetzen, wie zum Beispiel die Wellen beobachten, verschiedene Schwimmarten ausprobieren und sich im Wasser zurechtfinden. All das benötigt Zeit und darf Stück für Stück erfahren und erlernt werden.

Mit Trauer gestaltet es sich ähnlich, denn zu trauern ist ein Prozess. Am Anfang betritt man Neuland und man darf sich Zeit nehmen, um sich ganz langsam in der Trauer zu orientieren. Irgendwann und mit der Zeit werdet ihr wissen, wie ihr liebevoll trauern könnt.

Inneres Erleben

Trauer kann am Anfang überfordern und hilflos machen. Gleichzeitig löst sie einen unbeschreiblichen seelischen Schmerz aus, welcher sich auch manchmal auf körperlicher Ebene zeigt. Vielleicht spürt ihr euren Körper gerade deutlicher und euch tut alles weh?

Trauern ist eine emotionale Achterbahnfahrt und kostet sehr viel Kraft. Und wer vorher noch nie getrauert hat, darf sich in ihr erst zurechtfinden.

Plötzlich. Schwer. Erdrückend. Schmerzhaft. Dunkel. Trauer eben.

Euch werden im Alltag Situationen begegnen, denen ihr aufgrund eurer Trauer nicht immer gewachsen sein könnt. Also seid liebevoll zu euch, wenn mal eine Situation schiefgelaufen ist. Kein Mensch kann immer funktionieren, und das müsst ihr auch nicht.

Und irgendwann, ganz leise und mit der Zeit wird aus einem Zusammenbruch ein mutiger Aufbruch.

„Meine Trauer hat kaum jemand verstanden, weil ich mich bewusst für die Abtreibung meines schwer kranken und nicht lebensfähigen Kindes entschieden hatte. Es war sehr belastend und zusätzlich schwer, weil uns so viel Unverständnis entgegengebracht wurde. Die Menschen in unserem Umfeld haben nicht verstanden, warum wir trauern.

Die ganze Situation war sehr herausfordernd und hat auch zu Konflikten zwischen meinem Mann und mir geführt. Zeitweise haben wir sogar an Trennung gedacht. Was uns in dieser Situation geholfen hat, war sich mit anderen betroffenen Eltern auszutauschen. Wir haben die Entscheidung für unser Kind und nicht gegen es getroffen."

Eine Mutter

Wie ihr Traueraufgaben bewältigt

Eure Trauer erlebt ihr beide innerlich. Es zeigen sich Gedanken und Gefühle, von denen die meisten unheimlich wehtun. Da jeder Mensch andere Bedürfnisse hat, gestaltet sich auch eure jeweilige Art zu trauern individuell.

Trauern bedeutet, viele Tränen zu weinen, mit anderen Menschen über den Verlust zu sprechen, liebevolle Erinnerungen zu schaffen und ganz viel Sehnsucht zu fühlen. Dieser sehnliche Wunsch, sein Kind bei sich zu haben, ist grenzenlos und löst einen unbeschreiblich tiefen Schmerz aus.

Doch Trauer ist wichtig, denn durch sie beginnt euer Schmerz zu heilen. Trauer ist eine natürliche und normale Reaktion auf einen Verlust. Sie ist das Gesündeste, was ihr machen könnt.

Es gibt verschiedene Modelle, die Trauer beschreiben. Je mehr ihr über Trauer wisst, umso besser könnt ihr eure Trauer verstehen. Neben der Traurigkeit kann da nämlich auch ganz viel Wut sein. Ein Gefühl, welches sich nicht alle Trauernden erlauben, weil sie glauben, sie dürften es in diesem Zusammenhang nicht fühlen.

Auch zum Beispiel Schuldgefühle, Verzweiflung, Zorn, Angst, Neid, Erleichterung, Dankbarkeit, Freude oder Ohnmacht sind Gefühle, die Trauernden auf ihrem Trauerweg begegnen können. Und wenn man das nicht weiß, dann kann das verunsichern.

Ich möchte euch verschiedene Modelle über Trauer vorstellen, weil ich finde, dass es sich lohnt, aus verschiedenen Perspektiven auf Trauer zu schauen. Gut wäre, wenn ihr für euch die Informationen filtert, mit denen ihr euch am meisten identifizieren könnt.

Trauerphasen

Ein sehr bekanntes Trauer-Modell stammt von Verena Kast, einer Schweizer Psychologin, die Trauer in vier Phasen einteilt:

- Nicht-Wahrhaben-Wollen (Schock),
- Aufbrechende Emotionen (zum Beispiel Wut, Schmerz, Schuld),
- Suchen und Sich-Trennen (Erinnerungsarbeit),
- Neuer Selbst- und Weltbezug (Akzeptanz, Neubeginn).

Dieses Modell hilft zu verstehen, welche Gefühle durch den Verlust eines geliebten Menschen in Trauernden ausgelöst und wie diese in den unterschiedlichen Phasen verarbeitet werden.

Ist von Trauerphasen die Rede, dann klingt es so, als ob Trauer einen vorhersehbaren Verlauf hätte. Es ist aber so, dass nicht jeder Trauernde alle Phasen erlebt. Manche Phasen wiederholen sich oder die Reihenfolge ist eine andere. Und das „kann“, es „muss aber nicht“ dazu führen, dass sich Trauernde falsch vorkommen.

Vielleicht fragt ihr euch manchmal, wie ihr jemals wieder glücklich werden könnt, ohne euer Kind. Und ob die Trauer irgendwann kleiner werden wird oder für immer so bleibt.

Trauer verändert sich mit der Zeit, wenn ihr losgeht. Das Modell von Verena Kast, aber auch die nachfolgenden Modelle, machen dies meiner Meinung nach sehr deutlich.

Traueraufgaben

J. William Worden, ein amerikanischer Psychologe und Trauerforscher, geht davon aus, dass Trauernde verschiedenen Aufgaben gegenüberstehen. Erkenntnisse, die eine Person aus der Bewältigung einer solchen zieht, haben Auswirkungen auf alle weiteren Aufgaben. Der Prozess der Trauer verläuft aber nicht immer zusammenhängend und die Aufgaben lösen sich auch nicht von allein.

Es kann zu Rückschritten kommen oder zum längeren Verweilen in einer der Aufgaben. Manchmal ist es auch so, dass sie sich vermischen oder übersprungen werden. Und auch nicht alle Trauernden bewältigen die Aufgaben in exakt der gleichen Reihenfolge oder Zeitspanne.

Nach J. William Worden erarbeiten sich Trauernde, also ihr beide, nach und nach die Dimension des Verlustes. Und das heißt ganz konkret, dass ihr für eure Trauer aktiv etwas tun könnt. Worden spricht in seinem Modell von vier Traueraufgaben, die euch ein Wegweiser sein können. Am Anfang müssen Trauernde aber vor allem eines: funktionieren. Einige Autor*innen ergänzen die Traueraufgaben um diesen Aspekt.

„Am Anfang habe ich nur funktioniert …“
„Alle haben von mir erwartet, dass ich funktioniere …“
„Ich habe auf einmal gar nicht mehr funktioniert …“

In einem Ausnahmezustand zu funktionieren, äußert sich auf vielfältige Weise. Einer von euch beiden funktioniert vielleicht, um den

Alltag zu schaffen, der andere, um für die Geschwisterkinder da zu sein. Einer geht vielleicht kurz nach dem Verlust wieder arbeiten und der andere kümmert sich erstmal um die organisatorischen Aufgaben, die anfallen.

Solange ihr euch nicht im Kreis dreht und ständig funktioniert, ist das für einen bestimmten Zeitraum okay, es wird sich einpendeln. Wenn ihr aber nur funktioniert, begegnet ihr der Gefahr, eurer Trauer keinen Raum zu lassen.

Es braucht Auszeiten, um Kraft zu tanken und es braucht eben auch eine gewisse Funktionalität, um das alltägliche Leben zu schaffen. Gut wäre, wenn ihr einen gesunden Ausgleich zwischen beiden Polen finden könntet.

Traueraufgabe: Begreifen & Akzeptieren

Der Tod eures Kindes hat euch unerwartet getroffen, auch wenn ihr vielleicht über die Lebenserwartung eures Kindes Bescheid gewusst habt. Der tiefe Wunsch, dass doch noch ein Wunder geschieht, hat euch mit Sicherheit immer hoffen lassen. Umso schwerer ist es, die Wirklichkeit des Verlustes, den Tod, zu verstehen und zu begreifen.

Eure Aufgabe liegt nun darin, den Verlust zu erfassen und zu akzeptieren. Vergesst dabei aber nie: Ihr werdet immer die Eltern von eurem Kind bleiben, auch wenn es nicht bei euch auf Erden lebt.

Was euch helfen kann:

- Mit anderen über den Verlust zu reden, hilft dabei, dass die Verarbeitung in Bewegung kommt.
- Die Formulierung „unser Kind ist gestorben“ wird die Situation klarer werden lassen.

Traueraufgabe: Schmerz & Gefühlsachterbahn

Ganz sicher fühlt ihr ihn, den tiefen Schmerz, der durch den Verlust eures Kindes in euch ausgelöst wurde. Diesen Schmerz erlebt ihr vielleicht unterschiedlich und er wird von vielen Gefühlen begleitet.

Die Achterbahnfahrt der Gefühle zu überstehen, kann ziemlich herausfordernd sein. Trauern bedeutet nicht nur zu weinen. Alle Gefühle dürfen sein, solange man sich oder andere dabei nicht verletzt. Ihr werdet unterschiedliche Gefühle in euch wahrnehmen. Manche sind so stark, dass sie kaum auszuhalten sind, andere wiederum fühlen sich auch schön an.

Spürt ihr manchmal eine starke Wut in euch? Fühlt ihr euch verzweifelt und leer? Ist da ein Gefühl tiefer Dankbarkeit für euer Kind? Habt ihr Angst, dem anderen oder den Geschwisterkindern könnte auch etwas passieren? Seid ihr manchmal neidisch auf Eltern, die ihr Kind bei sich haben dürfen? Fühlt ihr euch manchmal auf eurem Trauerweg einsam? Zeigen sich Schuld- und Ohnmachtsgefühle? Ist da aber auch ganz viel Liebe?

All diese Gefühle sind okay, denn sie sind Teil eurer Trauer. Dürfen sie kommen, dann werden sie sanfter und manche ziehen weiter, nur die Liebe und die Dankbarkeit bleiben stark. Für den Schmerz wäre es gut, wenn ihr ihn anerkennt und durchlebt. Nur Mut!

Memo an mich: Wenn ich meiner Wut keinen Raum gebe und sie in mir verschließe, dann verliert auch die Freude ihren Platz.

Was euch helfen kann:

Eure Gedanken beeinflussen eure Gefühle und euer Handeln. Wenn ihr grundsätzlich davon überzeugt seid, dass ihr die Krise gemeinsam bewältigen könnt, dann werdet ihr die Trauer besser annehmen können.

Sendet euch im Alltag positive Botschaften, notiert diese auf einem Zettel und lest sie mehrmals täglich durch. Dies führt dazu, dass ihr eure Gedanken umprogrammiert.

- *„Ich möchte mutig sein und mich meinen Gefühlen stellen.“*
- *„Ich erlaube mir, eifersüchtig auf andere Paare mit Kind zu sein.“*
- *„Ich darf all meine Gefühle fühlen.“*
- *„Ich lasse meinen Schmerz zu.“*

Traueraufgabe: Veränderung

Veränderung ist schwer, aber notwendig, um sich an die neue Lebenssituation anzupassen. Ihr dürft euch Zeit geben, euch ganz langsam und in eurem eigenen Tempo in der neuen Wirklichkeit zurechtzufinden, in der euer geliebtes Kind fehlt. Das ist nicht leicht und manchmal werdet ihr hadern.

Aber die Aufgabe besteht darin, das Weiterleben ohne euer Kind zu schaffen. Dafür braucht es die Anpassung an die veränderte Situation, denn nur so kommt das Leben wieder in Bewegung. Euer Kind hätte das so gewollt.

Also, seid irgendwann mutig und wagt einen vorsichtigen Blick in die Zukunft. Ihr macht das gut!

Was euch helfen kann:

- Findet eine neue gemeinsame Vision: Im Kapitel „Eure Paarbeziehung ist einzigartig“ findet ihr dazu eine Übung. Diese solltet ihr aber erst ausprobieren, wenn ihr schon ein ganzes Stück eures Trauerwegs hinter euch gelassen habt. Seid ihr gerade am Anfang, dann wartet bitte noch, damit ihr euch nicht überfordert.

Traueraufgabe: Verbindung & Aufbruch

Diese Traueraufgabe hat gleich zwei Aufgaben, die an euch gestellt werden, im Gepäck. Die erste Aufgabe liegt darin, dass ihr eurem geliebten Kind einen neuen Platz in eurem eigenen und veränderten Leben schenkt. Das kann ein liebevoller Platz sein, an dem ihr euch an euer Kind erinnert und der eine dauerhafte Verbindung zu ihm aufrechterhält.

Die zweite Aufgabe liegt darin, dass ihr mit dieser tragenden, liebevollen, herzverbundenen und starken Verbindung zu eurem Kind euer Leben weiterlebt.

Vielleicht fragt ihr euch jetzt, wie so eine Verbindung aussehen kann und wie ihr diese findet? Ihr werdet eure ganz persönliche (Ver-) Bindung zu eurem Kind daran erkennen, wenn ihr für euch einen Platz gefunden habt, an dem ihr euch eurem Kind ganz nah fühlt. Der Platz kann ganz tief in eurem Herzen sein und gleichzeitig ein Ort, an dem ihr euch an euer Kind erinnert.

Das kann zum Beispiel das Grab eures Kindes sein, eine schön gestaltete Ecke in eurer Wohnung, ein neu gepflanztes Bäumchen im Garten oder eine bestimmte Bank im nahe gelegenen Park. Aber auch Fotos, Erinnerungsgegenstände wie zum Beispiel Schmuck,

Tattoos oder persönliche Rituale, wie eurem Kind täglich eine gute Nacht zu wünschen, halten die Verbindung.

Geht auf die Suche nach eurem ganz persönlichen Beziehungsort, der im Innen und gleichzeitig im Außen liegen kann. Wie dieser aussieht und wo dieser liegt, das entscheidet ganz allein ihr. Eines ist aber sicher, ihr werdet ihn finden.

Euer Kind kann durch seinen neuen Platz in eurem Leben zum inneren Begleiter werden und ist immer da, wo ihr seid. Ganz nah bei euch und in tiefer Verbindung.

Was es wirklich heißt, eine neue Verbindung zu seinem Kind zu haben, weiß man erst, wenn man diese gefunden hat. Es ist völlig okay, wenn ihr am Anfang eurer Trauer noch nicht wisst, wie sich diese gestalten wird und was ihr dafür tun müsst.

Trauern ist ein Prozess und ihr werdet Stück für Stück merken, wie sich eure Trauer verändert, wenn ihr sie zulasst und für eure Gefühle und den Schmerz sorgt.

Und dann, anfangs noch ganz zart und leise, werdet ihr eure Verbindung spüren, die immer stärker werden wird.

Von der Herzverbindung geht's direkt zum Beziehungsort.

Was euch helfen kann:

„Der Herzfaden“ von der Schweizer Hebamme Brigitte Meissner ist eine liebevolle Möglichkeit und ein erster Schritt, um eine Verbindung zu seinem verstorbenen Kind aufzubauen. Wenn ich die Imaginationsübung in meiner Arbeit nutze, dann nenne ich sie auch gerne „Herzverbindung“.

Findet eure Herzverbindung: Schafft euch einen ruhigen Moment und sucht euch einen bequemen Ort in eurer Wohnung, an dem ihr euch wohlfühlt. Und dann überlegt doch mal, wie eine Herzverbindung zu eurem verstorbenen Kind aussehen könnte.

Welche Farbe hätte sie? Aus welchem Material würde sie bestehen? Schließt gerne eure Augen und stellt euch eure Herzverbindung vor: Wie sieht sie aus?

Wenn ihr eine Verbindung gefunden habt, dann schickt sie zu eurem Kind in den Himmel. Vielleicht habt ihr auch Lust, über eure jeweiligen Herzverbindungen miteinander zu sprechen?

Ist die Sehnsucht nach eurem Kind grenzenlos, dann nehmt euch etwas Zeit und denkt an eure Herzverbindung, denn so könnt ihr euch eurem Kind ganz nah fühlen.

Übung „Herzverbindung"

Das Kaleidoskop des Trauerns

Das „TrauerKaleidoskop“ ist ein Modell von Chris Paul, einer deutschen Trauerbegleiterin. Es erklärt den Prozess des Trauerns auf eine anschauliche und verständliche Weise. Im Anhang unter „Anlaufstellen und Informationen“ findet ihr eine Internet-Adresse, unter der ihr euch das Modell anschauen könnt. Vielleicht hilft es euch dabei, euer Erleben besser einordnen zu können.

Chris Paul spricht in ihrem Modell von Trauer-Facetten, die die verschiedenen Bereiche des Lebens berühren und stets gemeinsam vorhanden sind. Sie sind nicht immer sichtbar und mischen sich zu blockierenden oder unterstützenden Strukturen.

Es ist wie in einem Kaleidoskop, wo sich einzelne Teile zwar verdecken können, aber die Farben dennoch nicht verschwinden.

- Überleben

Dieser Facette ordnet Chris Paul die Farbe Orange zu, welche leuchtend und warnend ist. Am Anfang geht es darum, dass Trauernde die neue Situation irgendwie überleben. Das macht jeder Mensch auf seine Weise, zum Beispiel durch Ablenkung, sich in Arbeit stürzen, reden, schweigen, sich zurückziehen, Sport ...

Überleben ist eine simple Angelegenheit, denn es meint nichts weiter, als den Tag und die Nacht irgendwie zu überstehen. Daraus können Trauernde Kraft schöpfen, die sie für die anderen Facetten dringend benötigen.

- Wirklichkeit begreifen

Zu begreifen, dass das eigene Kind gestorben ist, kann sich so unerträglich dunkel und bedrückend anfühlen, weswegen dieser Facette die Farbe Dunkelgrau zugeordnet wurde. Zu begreifen und zu verstehen, was dies für das weitere Leben bedeutet, ist unheimlich schwer.

Je mehr allerdings darüber gesprochen wird, umso wirklicher wird der Abschied. Sich mit anderen über den Verlust auszutauschen und darüber Bescheid zu wissen, warum dies passiert ist, kann dabei helfen, die Wirklichkeit zu begreifen.

- Gefühle

Ein kräftiges Rosa ist der Facette der Gefühle zugeordnet, weil diese so intensiv und stark gleichzeitig, aber auch zart sein können. All die verwirrenden und überwältigenden Gefühle sind notwendig und brauchen Ausdruck. Zum Beispiel äußern sich Wut und Hilflosigkeit manchmal in Streit, Liebe in Erzählungen, Sehnsucht in Trauerritualen oder dem täglichen Gang zum Friedhof.

Der Schmerz kann sich auch körperlich zeigen, wie zum Beispiel in Magenschmerzen, Kopfschmerzen oder starkem Frieren. Der körperliche Schmerz wird kleiner werden, wenn der Trauerschmerz zugelassen wird.

- Sich anpassen

Dieser Facette wurde die Farbe Grün zugeordnet und diese soll ermutigen. Nach einem Verlust verändert sich das Leben und es kostet ganz schön viel Kraft, sich im neuen Leben zurechtzufinden. Trauernde müssen sich irgendwie an die neue Situation anpassen, denn sie sind gezwungen, neue Wege zu finden. Die Veränderungen betreffen viele Bereiche, wie zum Beispiel den Alltag. Sie machen auch vor alltäglichen Situationen, wie zum Beispiel den Reaktionen der Menschen, keinen Halt.

Trauernde müssen damit umzugehen lernen, dass sich Menschen von ihnen zurückziehen oder wegschauen, wenn sie einem begegnen. Dass ihnen ungefragte Ratschläge entgegengebracht werden und dass sie nach einem Verlust immer wieder zum ersten Mal vor neuen erklärenden Situationen stehen, wie zum Beispiel der erste Friseurbesuch, das erste Mal auf der Arbeit, das erste Mal unter Menschen. Sie dürfen verschiedene Verhaltensweisen ausprobieren, um sich an die veränderte Welt anzupassen.

- Verbunden bleiben

Der Facette der Verbundenheit wurde ein strahlendes Gelb zugeordnet. Nach einem Verlust dürfen Trauernde eine andere Verbindung zu der verstorbenen Person für sich entwickeln und dabei auf eine gedachte Verbindung zurückgreifen.

Erinnerungen, Rituale und Geschichten oder die Wahrnehmung von „kleinen Zeichen", wie zum Beispiel Sonnenstrahlen, Schmetterlinge, führen zu einem inneren Gefühl der Verbindung. Es geht um die Frage, was bleibt, wie zum Beispiel Dankbarkeit oder Liebe.

- Einordnen

In dieser Facette geht es darum, Gedanken zu denken, Dinge zu sortieren oder auch neu einzuordnen und sie trägt die Farbe Blau. Während eines Trauerprozesses vollbringt das menschliche Gehirn eine Höchstleistung, denn die Gedanken spielen verrückt. Die immer wiederkehrende Frage nach dem „Warum" und auch die vielen anderen Fragen, die quälen. Sie stellen manchmal alte Glaubenssätze in Frage, wie zum Beispiel: Kann Liebe wirklich alles schaffen?

Ein Verlust kann alte Ängste bestätigen und den Optimismus, den eine Person hatte, ganz schön erschüttern. Wie ein Trauernder die Vergangenheit (neu) bewertet, wirkt auf die Gegenwart und diese beeinflusst die Zukunft. Je negativer der Blick auf die Vergangenheit, desto weniger wird eine Person wieder Freude erleben können. Gut wäre, wenn Leid und Freude nebeneinanderstehen dürfen.

Der gemeinsame Blick durch das Trauer-Kaleidoskop

„Am meisten haben uns das Miteinander-Reden und der Kontakt zueinander geholfen. Am Anfang fühlte sich die Trauer fast so an, als würde alles einfach keinen Sinn mehr machen, als hätte man keine Luft mehr zum Atmen. Mit der Zeit wechselten sich gute und schlechte Tage ab.

Jeden Abend haben wir wieder angefangen, uns gegenseitig zu fragen, was heute besonders schön war. Wir haben immer viele Ausflüge mit unserem Hund unternommen und mit jedem Schritt kam ein bisschen Farbe in unsere graue Welt zurück. Wir haben versucht, die Schönheit auch in Kleinigkeiten zu entdecken, zum Beispiel einen Sonnenuntergang oder einen schönen Trampelpfad auf einer unserer Wanderungen. Irgendwann gab es mehr schöne als schlimme Tage.

Wir verarbeiteten unsere Trauer auch öffentlich. Wir erzählten jedem, der es wissen wollte, von unseren Kindern und verheimlichten unsere Geschichte nicht.

Der Wunsch nach einem Kind blieb groß. Zum einen lebten wir in der Hoffnung, dass das nächste Mal uns zu unserem Regenbogenbaby führen könnte. Zum anderen war uns aber auch bewusst, dass es zu jeder Zeit einen erneuten Verlust bedeuten könnte, doch wir beschlossen, mit dieser Angst zu leben und stellten uns dieser. Alles andere wäre ‚aufgeben' gewesen und das hätte für uns bedeutet, dass wir uns komplett von unserem Kinderwunsch verabschieden müssen. Und dieser Schritt war für uns genau so hart wie unserer Angst einfach die Stirn zu bieten.

Genau so machten wir uns aber auch einen Plan B und stellten uns vor, wie ein Leben ohne Kinder aussehen könnte und schließlich hatten wir uns eine Zukunft ausgemalt, die sowohl mit als auch ohne Kind schön sein könnte."

Eltern

Das Farbenspiel der Trauer

Nur wer noch nie getrauert hat, wird sagen, dass Trauer ausschließlich schwarz ist und nur aus Schmerz und Tränen besteht. Aber Trauer ist viel facettenreicher, denn sie wird von unzähligen Farben ausgeschmückt. Trauern ist zum Beispiel Liebe (Rot), Abschied und Schmerz (Schwarz), Verbundenheit (Blau), Erinnerung (Gelb), Hoffnung (Grün), Sehnsucht (Violett) und Dankbarkeit (Rosa).

Während eines Trauerprozesses gibt es eine Vielzahl an intensiven Gefühlen und somit Farben. Trauer ist nicht per se grau oder schwarz. Trauer ist bunt und vielschichtig und wer die Farben sehen möchte, erlebt sie oft auch strahlend. Viele Trauernde kennen die Momente, die schön und traurig zugleich sind, wenn man zum Beispiel Luftballons zum verstorbenen Kind in den Himmel steigen lässt und im Hintergrund Musik läuft, die für einen wichtig ist.

Das sind Momente, die berühren – eben schön und traurig zugleich. Mit dem Wissen, dass Trauer auch Heilung ist und sie wichtig und wertvoll ist, sollte Trauer jede Farbe tragen dürfen.

Nehmt eure Trauer liebevoll in den Arm

Da Trauer keine Krankheit ist, kann man sich auch nicht von ihr erholen. Das würde zudem auch bedeuten, dass hinterher alles wieder so wäre wie vor dem Verlust, aber das ist nicht der Fall.

Ein Verlust verändert, und zwar für immer. Dies bedeutet aber nicht, dass ihr nie wieder auch auf der Sonnenseite des Lebens spazieren werdet. Ihr verändert euch zwar, werdet aber nur anders, nicht besser oder schlechter, ihr wachst halt.

Wachsen tut weh, bedeutet aber auch Entwicklung. Wenn ihr bereit dafür seid, dann nehmt eure Trauer liebevoll in den Arm und drückt sie mal ganz fest.

„‚Hab keine Angst und lass dich einfach tragen', singen sie.
Ich hoffe, das hast du gemacht, mein Kind.
Ich hatte große Angst um dich.
Angst davor, wie es da oben sein wird, weiß ich, ob es da schön ist?
Und Angst, dich nicht mehr beschützen zu können, so, so große Angst.
Einfach Angst.
Um dich."

Eine Mutter

Nebel im Kopf

Fällt euch klares Denken an manchen Tagen schwer? Fühlt ihr euch wie benebelt? Darauf gibt es eine Antwort: Trauer beeinträchtigt die Kognition, führt zu Konzentrationsschwäche, Verwirrung, Vergesslichkeit, Entscheidungsschwäche und einem Gefühl der Unwirklichkeit.

Trauernde schildern häufig, dass sie das Gefühl hätten, neben sich zu stehen. Manch einer hat auch Sorge, er werde „verrückt".

Der Nebel in eurem Kopf ist normal und gehört zu eurem Trauerweg dazu. Ausreichend Bewegung und Schlaf können euch dabei helfen, wieder klarer zu denken.

„In meinem Kopf hat es die ganze Zeit gerauscht und die Gedanken haben sich überschlagen. Ich wusste nicht, ob das normal ist oder ob ich anfange verrückt zu werden."

Eine Mutter

Männer trauern anders als Frauen

Frauen und Männer trauern unterschiedlich, was zu jeder Menge Missverständnissen in der Paarbeziehung führen kann. Die meisten Frauen lassen ihre Trauer zu, sie weinen, wenn ihnen danach ist und sprechen mit anderen über ihre Gefühle. Sie suchen sich Gleichgesinnte, mit denen sie sich austauschen können.

Stirbt ein Kind im Mutterleib oder kurz nach der Geburt, dann stellen sich die Hormone im Körper einer Frau wieder um. Das kann dazu führen, dass Trauer noch intensiver erlebt wird.

Männer lassen sich ihre Trauer häufig nicht ansehen, denn ein Mann „kennt keinen Schmerz". Dies rührt aus altem Rollendenken, wie Männer zu sein haben und wurde vielen kleinen Jungen schon in der Kindheit beigebracht – eine schwierige Situation, wenn ein Kind nicht fühlen darf, was es fühlt. Noch schwieriger wird es im Erwachsenenleben, wenn der kleine Junge von damals auf einmal von starken Gefühlen überrollt wird und nicht weiß, wie er sie zulassen oder darüber sprechen kann.

Zum Glück leben wir aktuell in einer Zeit, in der die kindliche Gefühlswelt und vor allem auch die kleinen Jungen mehr Raum und Stärkung erhalten.

Männer trauern meist im Stillen und halten den Schmerz schweigend aus. Sie wollen Dinge erstmal mit sich selbst ausmachen. Tief im Inneren fühlen sie sich jedoch ohnmächtig, sind wütend, ratlos, hilflos, verzweifelt, niedergeschlagen und ganz oft fühlen sie sich von ihrer Umgebung unverstanden.

Eine typisch männliche Strategie im Umgang mit belastenden Gefühlen ist, diese erstmal wegzudrücken. Das geht meistens eine ganze Weile gut, aber irgendwann platzen die Gefühle aus ihnen heraus. Die Ohnmacht, nichts tun zu können, ist für Männer besonders belastend. Deshalb stürzen sich viele in die Arbeit oder den Sport, um den Ohnmachtsgefühlen zumindest ein wenig den Kampf anzusagen.

Männer wollen Dinge im Griff haben, auch wenn sie eigentlich schon am Boden liegen. Wenn sie schon ihre Gefühle nicht beeinflussen können, dann versuchen viele über die Arbeit wieder Kontrolle über ihr Leben zu bekommen. Arbeit lenkt zwar ab, kostet aber auch jede Menge Kraft, was nicht selten zur totalen Erschöpfung führt.

Männer sprechen meist weniger als Frauen über Gefühle und reden generell weniger als Frauen. Sie gehen eher über das „Verstehen wollen“ an das Thema Trauer heran, Frauen über das Gefühl. Geht es einem Mann nicht gut, bemerkt man das auch an der Art, wie er kommuniziert. Bissigkeit, vermeintliche Abgeklärtheit, Wut oder Aggressionen beherrschen dann größtenteils seine Sprache.

Zu trauern heißt, verletzlich und emotional zu sein. Das versuchen Männer ganz häufig zu verstecken. Deshalb fühlen sich viele auf ihrem Trauerweg auch unheimlich einsam.

„Ich hatte so viel Wut im Bauch, weil ich auf Arbeit gleich wieder funktionieren sollte. Es kam zwar sehr viel Anteilnahme, aber von mir wurde auch verlangt, dass ich schnell wieder der Alte bin. Dieses Unverständnis für meine Situation hat in mir eine große Wut ausgelöst.

Ich habe mich am Anfang nur um alle anderen gekümmert und mich dabei völlig außer Acht gelassen. Heute weiß ich, dass die Trauerbewältigung eher hätte beginnen sollen.

Die große Sprachlosigkeit und Ohnmacht haben es mir anfangs schwer gemacht, Worte zu finden, um Dinge loszuwerden. Deshalb habe ich versucht, alles in mich hineinzufressen, was mir aber nicht gutgetan hat.

Die Trauerbewältigung und die Begleitung durch einen Trauerbegleiter haben mir letztendlich geholfen, Dinge loszuwerden. Dadurch konnte ich meine Trauer besser verstehen."

Ein Vater

Zusammen trauern

Gemeinsam zu trauern ist gar nicht so einfach, aber möglich! Das Wichtigste in diesem Zusammenhang ist, dass ihr Verständnis für den Trauerweg des anderen entwickelt. Und dass ihr die unterschiedlichen Herangehensweisen an die Trauer nicht fehlinterpretiert, sondern richtig einordnen könnt. Das ist wirklich entscheidend und kann euch viele Missverständnisse und Verletzungen ersparen.

Größtenteils werdet ihr beide euren Trauerweg allein gehen, aber ihr beide entscheidet auch, wo sich eure Wege kreuzen sollen. Findet verbindende Rituale – geht zum Beispiel regelmäßig zusammen zu einem Ort, an dem ihr euch eurem Kind ganz nah fühlt. Vielleicht ist das eine besondere Stelle im Park, ein Gang zum Meer, eine Bank an einer Lichtung oder ihr geht zusammen zum Friedhof. Schafft euch gemeinsame Momente und findet eure Paar-Trauerrituale.

Zusätzlich zur Trauer, den möglichen Hormonen und dem Alltag, der bewältigt werden muss, kann es passieren, dass noch andere Themen, und zwar Beziehungsthemen, bei euch anklopfen. Als wäre die emotionale Arbeit nicht schon genug. Auf einmal erscheinen noch Beziehungsfragen.

Sollte das bei euch der Fall sein, dann lasst die Fragen kommen und versucht sie konstruktiv miteinander zu klären. Hierbei ist entscheidend, wie ihr miteinander kommuniziert.

Schwierige Themen miteinander zu besprechen, ist nicht leicht, kann wehtun und bedarf einer gehörigen Portion Mut. Am Ende ist es aber genau der Weg, der euch nach Hause bringt.

Nicht die Fülle an Aktivitäten schafft Beziehung, sondern der Kontakt im Moment. Ein magischer Augenblick, wenn man dem anderen wirklich begegnet. Und ganz plötzlich ist die Verbindung wieder da, geleitet von Vertrauen und dem „Erkennen" des anderen.

Euren individuellen Trauerweg zu gehen, ist die Lösung. Gern wird trauernden Eltern aber von der Umwelt suggeriert, es müsse auch irgendwann wieder gut sein. Wann es gut ist, traurig zu sein, entscheidet ganz allein ihr.

„Wir wussten, dass es für unser Kind nicht leicht werden könnte, aber wir haben die Situation aus vollem Herzen angenommen. Unser Leben hätte sich wahrscheinlich komplett geändert und wir waren bereit dazu, Dinge dafür aufzugeben. Was es für uns bedeutet hätte, das wissen wir nicht und werden es auch nie erfahren.

Wir hatten unsere Zukunft geplant und alles, wirklich alles, war fertig für ein Leben zu fünft.

Wenn wir heute auf die Zeit von damals zurückschauen, dann wissen wir, dass wir vieles verdrängt haben, denn anders hätte man so eine belastende Situation nicht überlebt. Dass unser Kind sterben könnte, das wollten wir nicht wahrhaben.

Nach der Nachricht, dass sie unser Kind nicht operieren können, kam der Schock und man hat alles nur noch wie durch einen Schleier wahrgenommen. Danach wieder an das Bettchen zu treten und die Kleine weiß gar nicht wie ihr geschieht, war unbeschreiblich schwer.

Wir hatten das große Glück, dass wir für uns und unser Baby einen Platz im Kinderhospiz bekommen haben. Die Zeit dort war wie in einer anderen Welt und man wusste einfach nicht, was man sagen soll.

Man ist einfach nur da, atmet und kostet jeden einzelnen Moment, den man mit seinem Kind hat, in vollen Zügen aus. Und man ist einfach nur froh, dass man sich hat, ohne meinen Mann hätte ich das niemals geschafft.

Wir sind sehr dankbar dafür, dass wir uns so liebevoll und vor allem selbstbestimmt von unserem Kind verabschieden durften."

Eltern

Was euch in der Trauer helfen kann:

- Habt ihr eurem Kind schon einen **Namen** gegeben? Wenn ja, dann ist das wunderbar. Wenn ihr es noch nicht getan habt, dann holt es nach, denn das macht es leichter, ihm einen festen Platz in der Familie zu geben.
- Eine **Trauerfreundschaft** suchen: Dies meint, einen Menschen zu finden, der Ähnliches erlebt hat. Mit diesem besonderen Menschen kannst du bzw. könnt ihr eure Trauergefühle teilen. Die Erfahrungen anderer können euch auf eurem Trauerweg helfen und Mut machen. Vielleicht ist eure Trauerfreundschaft schon drei Schritte weiter, weil ihr Verlust länger zurückliegt als eurer. Von den Erfahrungen dieser drei Schritte könnt ihr zehren.
- **Zeit zu zweit**, in der ihr über den Verlust eures Kindes miteinander sprecht. Diesen Moment könnt ihr ganz besonders gestalten, zum Beispiel mit Kerzen, Blumen und Musik, die ihr mit ihm verbindet.
- **Musik** hören, denn sie gibt traurigen Gefühlen ein Ventil: Musik hilft besonders denjenigen, denen es noch nicht so leichtfällt, einen Zugang zu ihren Gefühlen zu finden.
- Eure **Herzverbindung** finden: Nehmt euch einen Moment ungestörte Zeit und geht auf die Suche nach eurer Herzverbindung (Kapitel „Wie ihr Traueraufgaben bewältigt").
- Ein **Trauertagebuch** führen: Schreiben kann hilfreich sein, um das Geschehene zu verarbeiten. Dadurch können Gedanken und Gefühle geordnet werden.
- **Briefe an euer Kind** schreiben: Ihr könnt in diesen einen Brief oder in die vielen Briefe all eure Gefühle schreiben, die ihr eurem Kind sagen wollt. Schreibt euch alles von der Seele. Alternativ könnt ihr ihm auch Gedichte schreiben.
- **Gespräche** mit guten Freunden oder der Familie führen: Eure Geschichte anderen Menschen zu erzählen, kann heilsam sein. Und ihr könnt von eurem Kind, auf das ihr so stolz seid, erzählen.

- Eine **Selbsthilfegruppe** für „Sternenkind-Eltern" im Internet suchen und kontaktieren.
- **Erinnerungen** schaffen, zum Beispiel eine Kette mit dem Namen eures Kindes, Erinnerungskisten gestalten, Fotos aufhängen.
- Einen **Podcast** hören, der sich mit dem Thema beschäftigt, um weitere Informationen zu erhalten, was euch im Umgang mit dem Verlust helfen kann.
- Eine **professionelle Trauerbegleitung** in Anspruch nehmen: In einer Zeit großer Not kann eine professionelle Begleitung eine wertvolle Unterstützung sein. Freunde und Familie sind selbst betroffen von der Situation und können euch nicht die Unterstützung bieten, die ihr benötigt. Professionell ausgebildete Trauerbegleiter*innen gibt es vielerorts und eine Auflistung von Anlaufstellen findet ihr im Anhang.

„Wir sind noch näher zusammengekommen durch jede einzelne Fehlgeburt. Durch sehr viele Gespräche mit offenen und ehrlichen Worten haben wir den Weg zu einer innigen Beziehung gefunden.

Gemeinsam haben wir beschlossen, wie wir vor anderen damit umgehen. Wir wussten, dass wir auch ohne Kinder ein erfülltes Leben führen können, da wir auch nur als Team zu zweit wunderbar funktionieren.

Wir haben so gut wie alles gemeinsam unternommen von Ausflügen zu Urlauben oder gemeinsam musizieren. Wir haben uns gegenseitig gehalten und aufgefangen, auch in unserer Beziehung durfte die Trauer ihren Platz einnehmen und einfach nur da sein.

Zusammen haben wir uns eine gemeinsame Zukunft auch ohne Kinder erschaffen."

Eltern

Es ist wichtig, dass ihr für eure Trauer sorgt und es ist genauso wichtig, dass ihr für eure Paarbeziehung sorgt. Zweiteres gerät bei Eltern manchmal aus dem Blick, aber auch eure Liebe braucht Aufmerksamkeit und Pflege.

Häufig denken Paare in diesem Zusammenhang zu groß, denn die kleinen alltäglichen Momente in Verbundenheit sind es, die eine Beziehung stärken: eine liebevolle Umarmung, ein „*Du bist mir wichtig*“, eine wertschätzende Geste, ein interessiertes Nachfragen, ein rücksichtsvolles Miteinander, ein wohlwollender Blick, Zuwendung, Fürsorge und echtes Interesse. Diese Dinge sind es, die tragen und eure Liebe nähren.

Was euch als Paar in der Trauer helfen kann:

- Verständnis für den individuellen Trauerweg des anderen zu haben, verbindet.
- Die Not sehen – das Verhalten des anderen, auch wenn es mal nicht angemessen war, verstehen wollen und nicht ausschließlich auf sich beziehen.
- Wenn Dinge unklar sind, beim anderen nochmal nachfragen, um Klarheit zu bekommen.
- Wenn der andere gerade in einer Defensive ist, sich auch mal zurücknehmen können.
- Bedürfnisse kommunizieren, achten und darüber reden, dabei sind das Was und Wie entscheidend.
- Stärkende Paar-Rituale entwickeln, um die (Ver-)Bindung zu halten.

„Ich habe Trauer sehr individuell erlebt, je nach Phase. Entweder superstolz, so eine wunderschöne, starke Tochter gehabt zu haben, oder zu Tode betrübt, oder völlige Gleichgültigkeit, oder ... Also sehr facettenreich und auch nicht wirklich vorhersehbar.

Gedanklich hat man sich sehr viel mit dem Tod an sich beschäftigt. Was passiert mit einem, was kommt danach, was wünscht man sich für sein eigenes Leben, sehr viel Bewusstsein, dass das Leben endlich ist ... Ich war zu der Zeit auch sehr dünnhäutig.

Meinen Partner habe ich kaum anders wahrgenommen, weil er einfach sehr realistisch durch die Welt geht, auch wenn er immer viel optimistischer ist als ich. Seitdem wir wussten, was Nora hat, ist er auch mit beiden Beinen auf dem Boden wieder angekommen. Wir sind mehr zusammengewachsen.

Wir wissen und können es uns auch immer sagen, dass wir alles gegeben haben. Die 38 Tage Leben von Nora waren extrem intensiv. Wir haben irgendwie alles geschafft, nicht nur für Nora, sondern auch für uns."

Eine Mutter

Ungesunde Trauer

Wie vieles im Leben kann sich auch Trauer ungünstig entwickeln. Ein möglicher Grund dafür könnte sein, wenn zum Beispiel eine trauernde Person über ihren Verlust nicht gesprochen hat, es keinen „passenden" Raum dafür gab oder keine Zuhörer*innen. Manche Trauernde schildern dann, dass sie das Gefühl haben, in der Trauer festzustecken. Bei anderen zeigt sich die Trauer über körperliche oder psychische Reaktionen.

Der Trauerforscher J. William Worden unterteilt ungesunde Trauer, er bezeichnet sie als komplizierte Trauer, in verschiedene Formen. Da wäre zum einen die chronische Trauer, die nicht enden will, und bei der Trauernde das Gefühl haben, „nicht weiterzukommen".

Bei der verzögerten Trauer wurde der Schmerz unterdrückt und taucht bei einem späteren Verlust plötzlich wieder auf. Dies kann sich zum Beispiel in überschießenden Gefühlsreaktionen auf einen späteren Verlust zeigen, aber auch in überflutenden Trauergefühlen, zum Beispiel beim Anschauen eines Filmes, in dem eine Person verstorben ist.

Eine übertriebene Trauerreaktion zeigt sich dadurch, dass der bzw. die Trauernde extrem reagiert und sich eventuell eine starke Angst entwickelt. Diese bezieht sich meist auf den Tod und ist ganz schön hartnäckig, was zur Verzweiflung führt. Bei der lavierten oder verdrängten Trauer zeigen sich Trauersymptome über zum Beispiel körperliche Reaktionen oder körperlichen Schmerz.

Es gibt Anzeichen, um ungesunde Trauer zu erkennen. Wenn ihr euch in den Aussagen wiederfinden solltet, dann wartet nicht lange und sucht euch therapeutische Unterstützung. Dabei gilt: Je eher, desto besser.

Anzeichen für ungesunde Trauer:

- Der Tod wird verleugnet.
- Über den Tod kann nicht gesprochen werden, auch wenn dieser schon einige Zeit zurückliegt.
- Trauergefühle werden nicht zugelassen.
- Relativ unbedeutende Vorfälle lösen eine sehr starke Trauerreaktion aus.

- Die trauernde Person zieht sich dauerhaft zurück und lässt wenig soziale Kontakte zu.
- Es kommt zu anhaltenden Konflikten in der Paarbeziehung.
- An die veränderte Lebenssituation ist keine Anpassung erfolgt.
- Depressive Symptome wie zum Beispiel Schlafstörungen, Appetitlosigkeit, Antriebslosigkeit, deutlicher Interessenverlust, Freudlosigkeit, erhöhte Aggressionsbereitschaft (nach circa 12 Monaten).
- Der Alltag kann nicht mehr richtig bewältigt werden (nach circa 12 Monaten).
- Wenn über den Verlust gesprochen wird, zeigen sich auch noch nach Jahren intensive Trauerreaktionen.
- Es kommt zu Alkohol- oder Drogenmissbrauch.
- Die trauernde Person ist anhaltend feindselig, zeigt offene oder unterdrückte Wut.
- Es kommt ständig zu starken Ängsten bezüglich Krankheit und Tod.
- Bei Kindern kann sich ungesunde Trauer durch anhaltenden Leistungsabfall, andauerndes aggressives und abweisendes Verhalten, Rückzug oder häufiges weinerliches Verhalten zeigen.

„Wir haben unterschiedlich getrauert und uns hat am meisten geholfen, dass wir uns das erlaubt haben. Uns hat der Schicksalsschlag noch enger zusammengebracht."

Eltern

Wie ihr mit der Unsicherheit der anderen besser umgehen könnt

Nur Eltern, die auch einen Verlust erlebt haben, kennen den unsagbar tiefen Schmerz, der damit verbunden ist. Wer diesen nicht kennt, kann schwer nachvollziehen, wie es euch geht. Das ist okay, denn ohne Erfahrung kein emotionales Wissen.

Es kann passieren, dass ihr in Situationen geratet, die euch nicht guttun. Gut wäre, wenn ihr eure persönlichen Grenzen immer gut im Blick behaltet, um euch zu schützen. Ihr seid durch euren Verlust sehr verletzlich, also sorgt für euch.

Euer Umfeld fühlt sich hilflos

Auch wenn dies für euch sehr bitter ist, viele Menschen fühlen sich so einer Situation nicht gewachsen. Sie meiden euch lieber und umgehen damit ihre eigene Hilflosigkeit. Worte zu finden oder mit euch über euren Verlust zu reden, fällt ihnen schwer und bevor sie etwas Falsches sagen, sagen sie lieber gar nichts.

Für so ein schlimmes Ereignis gibt es keine passenden Worte, aber nichts zu sagen macht die Situation für euch bestimmt manchmal noch zusätzlich schwer. Ihr dürft traurig sein, und zwar mit allen Facetten, Ambivalenzen und der ganzen Farbpalette.

„Traurig war, dass es gerade bei Freunden oder der Familie zwar anfangs beachtet wurde, aber nicht bei allen war das Verständnis da, dass die Trauer über unseren Verlust nicht nach einer Woche wieder vorbei war. Selbst jetzt, mit unserem Regenbogenkind an der Hand, übermannt uns die Trauer.

Die Erwartungen anderer, wieder zu funktionieren oder auch genau so fröhlich zu sein wie zuvor führten dazu, dass wir uns häufig zurückzogen oder Begegnungen vermieden. In unserer Welt war viel Platz für unsere Sternenkinder, aber nicht in der restlichen Welt. Was bleibt, sind ein paar wenige Freunde, die uns akzeptieren so wie wir sind und unsere Geschichte mit uns tragen.

Um den Kopf ausschalten zu können, hat mein Mann sich in die Arbeit oder andere Projekte gestürzt. Ich habe versucht, die Beziehung zu meinem Körper wieder herzustellen. Auf der einen Seite half mir Yoga, außerdem ließ ich die Trauer ganz oft zu und lernte mit der Zeit mir selbst zu vergeben."

Eine Mutter

Verletzende Worte

Es gibt Aussagen, die bleiben noch lange im Kopf. Auf eurem Trauerweg werden euch liebevolle und tragende Worte begegnen, aber auch verletzende Aussagen. Manche Menschen machen in ihrer Hilflosigkeit beschwichtigende Bemerkungen, die mitten ins Herz treffen.

„Das war doch noch kein richtiges Kind.“,
„Ihr habt doch schon Kinder.“,
„Wer weiß, wozu es gut ist!“,
„Sternenkinder suchen sich immer die Eltern aus, die stark sind.“,
„Bei den Nachbarn war das Kind schon drei Jahre alt, das ist viel schlimmer!“

Kommt euch einer der Sätze bekannt vor oder ist euch eine ähnliche Aussage nach eurem Verlust begegnet? Zuallererst: Ihr müsst für solche Aussagen kein Verständnis aufbringen. Ihr dürft ruhig wütend sein!

Sicherlich liegt hinter vielen dieser Aussagen die Intention, euren Schmerz kleiner machen zu wollen. Eine Person, die so eine Botschaft sendet, möchte euch im Grunde helfen.

Die Wortwahl ist allerdings nicht gut gewählt und zugleich sehr verletzend. Und da sind wir wieder bei dem Thema: Die passenden Worte zu finden, ist gar nicht so einfach.

Solche Aussagen haben definitiv nichts mit passenden Worten zu tun und entstehen meistens aus der Hilflosigkeit der anderen. Zudem tun sie nicht gut, denn sie sprechen euch eure Gefühle ab.

Ab dem Tag, an dem ihr von eurem Kind erfahren habt, entwickelt sich Liebe. Und auch, wenn ihr schon größere Kinder hattet, ist der Schmerz nach einem Verlust dennoch grenzenlos. Nicht nur für euch, sondern auch für die Geschwisterkinder.

Nur weil ihr vermeintlich stark seid, ist es trotzdem schmerzlich und tieftraurig für euch. Und auch wenn die Schwangerschaft erst am Anfang oder euer Kind noch sehr klein war, ist es trotzdem unsagbar schlimm, was euch widerfahren ist.

**Ein wunder Punkt schmerzt, wenn man ihn fühlt.
Vor allem dann, wenn andere immer wieder draufdrücken.
Er gehört jetzt aber zu euch und darf geschützt werden.**

Da nicht beeinflussbar ist, was andere Menschen zu euch sagen werden, ist es wichtig, dass ihr euch und eure Grenzen gut im Blick habt. Wenn ihr Grenzen setzt, schützt ihr eure eigene emotionale Gesundheit.

Eure Grenzen sollen nicht starr sein, sondern liebevoll und klar. Wie ein stärkender Schutzmantel, wie ihn die Psychoanalytikerin Luise Reddmann entwickelt hat („Der schützende Mantel“). Ein wohlig warmer Mantel, der euch liebevoll umhüllt und beschützt. Am besten zieht ihr ihn besonders an jenen Tagen an, an denen ihr euch zerbrechlich und verletzlich fühlt. Überlegt doch mal, wie euer Schutzmantel aussehen könnte?

Mein Schutzmantel ist …

Schließt die Augen und stellt euch euren Schutzmantel vor:
Wie könnte er aussehen?
Ist es ein Samtmantel oder ein Cape?
Welche Farbe und welches Material hat er?
Nehmt euch den Mantel und zieht ihn an.

Schaut ihn euch einmal ganz genau an. Sitzt er gut oder ist er an manchen Stellen noch etwas eng? Ändert ihn so lange, bis ihr euch richtig gut in ihm fühlt. Dieser Mantel ist ein undurchdringlicher Schutzschild gegen Energien, denen ihr momentan nicht ausgesetzt werden möchtet.

Zieht ihn am besten immer dann an, wenn ihr das Haus verlasst. Und habt ihr einmal vergessen, ihn anzuziehen, dann ist das überhaupt kein Problem, denn glücklicherweise ist er so leicht und klein, dass ihr ihn eh immer dabeihabt.

Kommt ihr in eine Situation, in der ihr Schutz braucht, dann denkt einfach daran, wie ihr euren Mantel anzieht und schon seid ihr geschützt.

Was euch helfen kann, für eure Grenze einzustehen:

Um ein Gefühl für die eigenen Grenzen zu bekommen, ist es wichtig, dass ihr euch im ersten Schritt eure eigenen Grenzen bewusst macht. Diese werden sich bei euch beiden unterschiedlich gestalten. Gut wäre, wenn ihr in euch hineinhört und jeder für sich entscheidet, was gerade möglich ist.

Was tut euch gerade gut und was nicht?
Wann übertritt jemand eure persönliche Grenze?
Was braucht ihr aktuell und in der jetzigen Situation?
Was braucht ihr von eurer Umwelt?

Wenn ihr euch eure persönlichen Grenzen bewusst gemacht habt, dann steht für sie ein. Sagt *„Stopp"* in Situationen, die euch nicht guttun und kommuniziert, was ihr euch stattdessen wünscht. Zeigt auf, wenn eure Grenze übertreten wurde und steht für euch ein. Nur so kann eure Umgebung lernen, wie sie mit euch umgehen kann.

Sätze, die euch helfen können:

- *„Ich bin für euch da, wenn ihr mich braucht."*
- *„Wie kann ich euch unterstützen?"*
- *„Mir ist das auch passiert."*
- *„Kann ich euch helfen?"*
- *„Ich weiß nicht, was ich sagen soll, aber ich stehe euch zur Seite …"*

„‚Alles hat seinen Grund und wenn die Trauer vorbei ist, dann …' Mit diesem Satz kann man gerade am Anfang seiner Trauer nicht viel anfangen. Er fliegt auf einen zu und kurz vor dem Verstand biegt er ab; von den ‚falschen Personen' geäußert macht er wütend, von den richtigen lässt man ihn zu.

Klar wusste ich, dass am Ende des Tunnels (im besten Fall) irgendwann wieder ein Licht zu sehen ist und dass solche Sätze irgendwann den Weg zum Verstand finden.

Am Anfang der Trauer ist man aber noch nicht so weit, denn man muss sich noch sortieren. Die vielen Erlebnisse und Eindrücke aufarbeiten und vor allem verstehen. Fragen im Kopf hinterfragen und Antworten suchen. Und ja, man sieht irgendwann wieder Licht am Ende des Tunnels, aber eben nicht am Anfang."

Eine Mutter

Es gibt Situationen, an denen könnt ihr nur etwas verändern, wenn ihr aktiv werdet. Überlegt doch mal: Macht es euch traurig, dass sich manche Menschen von euch abgewendet haben? Fehlt euch vielleicht der Kontakt zu einer Freundin, die sich nach eurem Verlust kaum noch gemeldet hat? Sind die Kumpels ungeduldig geworden, weil es doch irgendwann auch wieder gut sein muss?

An dieser Stelle ist es wertvoll, wenn ihr beide tief in euch hineinhört und miteinander ins Gespräch geht. Wünscht ihr euch eine Veränderung der Situation oder könnt ihr diese auch annehmen? Wollt ihr aktiven Kontakt suchen oder wollt ihr lieber warten, bis die anderen einen Schritt auf euch zugehen?

„Für mich war es sehr verletzend, dass sich manche Freunde nicht gemeldet haben. Wiederum andere sind mit meiner Trauer nicht zurechtgekommen und haben sich zurückgezogen. Es sind zum Teil langjährige Freundschaften auseinandergegangen.

‚Wenn dein Baby da ist, dann besuchen wir dich', haben sie zu mir gesagt. Aber wenn ein Kind stirbt, dann besucht dich kaum einer.

Nur sehr wenige Menschen haben uns in dieser Zeit zur Seite gestanden, was ganz schön ernüchternd war."

Eine Mutter

Wie am Anfang dieses Kapitels schon einmal erwähnt: Trauerwellen schwimmen kann man nicht von Anfang an. Das darf man erst lernen. Was ihr beide dafür benötigt, sind Ausdauer und Mut.

Wenn ihr einmal ganz oben auf den Trauerwellen schwimmen möchtet, dann springt zuerst ins dunkle Meer. Irgendwann und mit der Zeit wird aus dem dunklen ein türkisblaues Meer und ihr beide schwimmt wieder ganz oben auf den Wellen eures Lebens.

„Das Wichtigste war, als Paar zusammen zu bleiben. Was nicht leicht ist. Traurigkeit ist ein sehr individuelles Gefühl. Den einen erwischt es in diesem Moment, den anderen an einer anderen Stelle. Wir mussten lernen, damit umzugehen und aufeinander Rücksicht zu nehmen.

Wir haben uns Orte des Erinnerns geschaffen. Das kann ein Baum im Park sein oder ein Stein. Wenn wir daran vorbeigekommen sind, haben wir über die Sache geredet. Oder einfach nur daran gedacht."

Ein Vater

MISSVERSTÄNDNISSE IN EURER PAARBEZIEHUNG VERMEIDEN

Ihr beide befindet euch gerade in einer Ausnahmesituation, die sehr herausfordernd ist. Die vielen Gefühle, Gedanken und Aufgaben, die auf euch einprasseln. Entscheidungen, die ihr vielleicht treffen musstet, ohne das vorher jemals gemacht zu haben. Für euch beide ist die Situation schwer und eines ist gewiss, euch beiden geht es nicht gut. Die Situation, in der ihr euch befindet, kann dazu führen, dass Missverständnisse entstehen, aus denen sich Paarkonflikte entwickeln. Wie ihr dem vorbeugen könnt, lest ihr in diesem Kapitel.

Eure veränderte Lebenssituation bringt äußerlichen Stress mit sich, zum Beispiel an der Arbeit, im Verhalten eurer Umgebung, mit Aufgaben, die erledigt werden müssen. Dieser äußere Stress löst zugleich innerlichen Stress aus. Auch zu trauern bedeutet Stress für Körper und Psyche. Und unter Stress nehmen sich Partner*innen anders wahr, was zu Missverständnissen führen kann.

Gestresste Partner*innen sind gereizter, zerbrechlicher, aggressiver, dünnhäutiger, sensibler und ziehen sich gerne mal zurück. Der äußerliche und innerliche Stress, den ihr beide spürt, kann zu Stress zwischen euch beiden führen.

Manchmal kommt es zu Paarkonflikten, weil durch die stressbedingte veränderte Wahrnehmung Situationen fehlinterpretiert werden. Ein konkretes Beispiel dafür ist, dass ein trauernder Elternteil der Meinung ist, den anderen würde die Situation nicht so berühren.

Wie ihr euch bei emotionaler Überforderung unterstützt

Ist die Zündschnur einmal kurz, verändert das nicht nur die Wahrnehmung, sondern auch die Kommunikation. Deshalb ist es wichtig, dass ihr bedacht und achtsam miteinander umgeht.

Ihr beide fühlt durch die Trauer gerade sehr viel, das ist wichtig und darf so sein. Wenn euch der Stress im Alltag jedoch zu viel wird, erlaubt euch, auf die Bremse zu treten.

Ohnmacht und Hilflosigkeit auf beiden Seiten

Ihr wisst es schon: Ihr beide nutzt unterschiedliche Strategien, um mit eurer Trauer umzugehen und deshalb können Missverständnisse entstehen. Es kann passieren, dass einer von euch glaubt, der andere würde weniger oder gar nicht trauern. Dies kann dazu führen, dass sich einer von euch unverstanden und in seiner Trauer nicht gesehen fühlt.

An dieser Stelle auf eurem gemeinsamen Trauerweg liegen häufig die ersten Stolpersteine. Und es liegt an euch, ob ihr darüber stolpern werdet.

Ihr beide fühlt die Ohnmacht und könnt an der Situation nichts ändern, ihr müsst sie irgendwie aushalten. Woher sollt ihr wissen, wie man damit umgeht, wenn ihr das vorher noch nie gemacht habt?

Es ist völlig okay, wenn ihr unterschiedliche Strategien nutzt. Entscheidend ist, dass euch die Strategien helfen. Vor allem das, was euch guttut, dürft ihr gerne mehr machen.

Für eure Paarbeziehung braucht es das Zugeständnis, dass der bzw. die andere seinen bzw. ihren eigenen Trauerweg gehen darf, auch wenn sich beide Wege grundlegend voneinander unterscheiden. Das ist schwer, keine Frage. Es wird mit Sicherheit auch nicht immer gelingen, aber Ausnahmen gehören ja bekanntlich zum Leben dazu.

Die innerliche Bereitschaft dafür zu haben, das ist der Weg und die Basis für alles Weitere. Dass Wege auch mal steinig sein können oder ihr auf Umwegen unterwegs seid, ist dabei nicht entscheidend. Auf Umwegen lernt man schließlich die Umgebung kennen.

„Wir trauern verschieden und sind doch in der Trauer um unser Kind verbunden.

Der Weg mit unserem Kind hat uns vor tiefe Fragen unserer Beziehung gestellt: Wofür stehen wir? Was tut uns gut? Für welche Werte stehen wir?

Wir haben uns noch besser kennengelernt. Es gab auch Momente, in denen wir uns kaum wiedererkannten. Vieles war im Wandel. Es hat uns immer geholfen, offen miteinander reden zu können, uns Zeit zu geben und zu vertrauen, dass wir es gut machen und auch wieder ruhigere Zeiten kommen."

Eltern

Vorwürfe schaffen Distanz

Auf Vorwürfe greifen Partner*innen häufig zurück, wenn sie sich vom anderen nicht gesehen und verstanden fühlen. Und wenn sie der Meinung sind, sie könnten es dem bzw. der anderen eh nicht recht machen. Vorwürfe sind nicht verbindend und haben eine trennende Wirkung, deshalb schaffen sie zwischen Partner*innen auch eine Distanz.

Vorwürfe sind immer so eine Sache, denn um die leere Zahnpastatube oder die Socken hinter dem Sofa geht es in der Regel nicht wirklich. Alltagskonflikte sind meistens Stellvertreter für unerfüllte Wünsche und Bedürfnisse. Welche das sind, kann nur die Person herausfinden, die sich hinter Vorwürfen versteckt. Anstatt sich vorzuhalten, was alles nicht in der Beziehung läuft, lohnt es sich, genauer hinzuschauen, um zu erkennen, um was es wirklich geht.

Bedürfnisse sind das Verlangen und die Wünsche eines Menschen. Aus einem Mangelgefühl heraus und dem Wunsch, dies zu ändern, entsteht ein Bedürfnis. Zu den körperlichen Grundbedürfnissen zählen zum Beispiel Nahrung, Wasser, Wärme. Weitere bekannte Beispiele sind das Bedürfnis nach Wertschätzung, Anerkennung, Sicherheit oder Bindung. Mehr dazu lest ihr im Kapitel „Eigene Bedürfnisse und Grenzen im Blick haben“.

Die meisten Paare kommen im Laufe ihrer Paarbeziehung an den Punkt, wo sie sich auch mal Dinge vorhalten. Solange es nicht zu einer Dauerschleife wird und die Vorwürfe unter die Gürtellinie gehen, zerbricht daran keine Beziehung.

Vielleicht tappt ihr manchmal im Dunkeln und könnt euch in manchen Situationen selbst nicht verstehen. Hier lohnt es sich, das eigene Verhalten zu hinterfragen und herauszufinden, was ihr euch vom anderen wünscht.

In meiner täglichen Arbeit als Paartherapeutin nutze ich dabei das sogenannte Eisberg-Modell. Es stammt in seinem Ursprung von Sigmund Freud, dem Begründer der Psychoanalyse. Ich habe es auf die Arbeit mit Paaren angepasst.

Die Spitze des Eisberges symbolisiert dabei das Verhalten, welches eine Person ärgert und zu kleineren oder größeren Konflikten in der Paarbeziehung führt. Und dieses können sich Partner*innen immer wieder vorhalten oder sie gehen auf die Suche und schauen, was sie vom anderen brauchen.

Gibt es in eurer Beziehung Verhaltensweisen beim anderen, die euch ärgern? Fühlt ihr euch manchmal unverstanden und seid dann so richtig sauer auf den anderen?

Wenn das so ist, dann lohnt es sich, einmal genauer hinzuschauen und herauszufinden, um was es wirklich in euren Konflikten geht:

- Braucht ihr mehr Wertschätzung und Anerkennung für die Dinge, die ihr im Alltag leistet?
- Wünscht ihr euch wieder mehr (Ver-)Bindung in eurer Beziehung, ein vertrauensvolles Miteinander und ein Füreinander-da-Sein?
- Vielleicht wünscht ihr euch mehr Kontakt und echte Nähe?
- Braucht ihr gerade mehr Autonomie, um selbstbestimmt zu sein?
- Vielleicht wünscht ihr euch mehr Empathie und ein Gegenüber, das euch versteht und einfühlsam reagiert?
- Sehnt ihr euch nach einer respektvolleren Kommunikation?

Was es auch ist, nichts lohnt sich mehr, als seine eigenen Bedürfnisse zu kennen. Anstatt sich Dinge immer wieder vorzuwerfen, dürft ihr eure Wünsche klar kommunizieren.

Hinter jedem ausgesprochenen Vorwurf verbirgt sich die Chance, ein unerfülltes Bedürfnis zu erkennen.

Wenn ihr wisst, was ihr in Beziehungen braucht, um zufrieden zu sein, könnt ihr jederzeit aus eurem Wissen schöpfen. Glück von außen zu erhalten ist nämlich wie der sprichwörtliche Sechser im Lotto, ein Zufall! Zufrieden wird man dadurch, wenn man sein Glück in seine eigenen Hände nimmt.

In Zeiten der Trauer, in der ihr verletzlich und zerbrechlich seid, wirken Vorwürfe wie brennendes Salz in der Wunde. Wenn ihr euch nicht noch zusätzlich verletzen wollt, dann achtet auf ein wertschätzendes und respektvolles Miteinander.

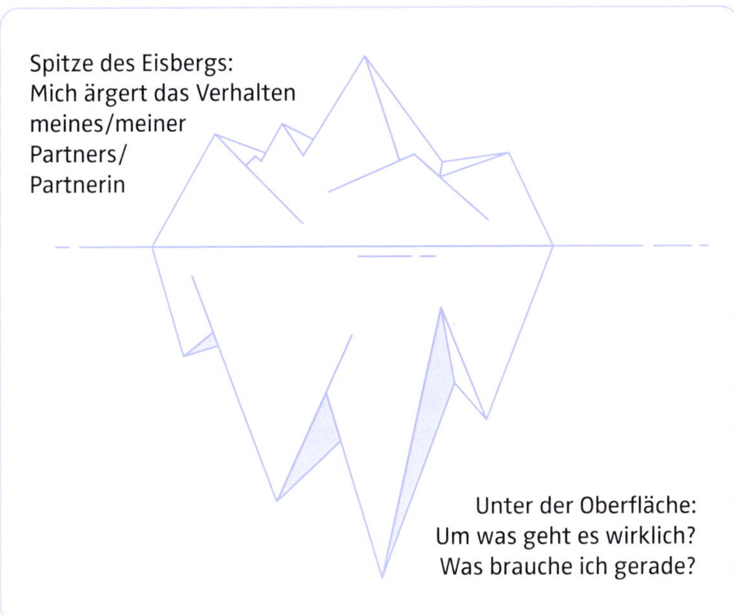

Wünsche und Bedürfnisse erkennen

Wenn es zu eng wird

Frauen können ihre Gefühle häufig gut mit anderen teilen, Männern fällt das oft nicht so leicht. Viele Männer spüren zwar, dass sie eigentlich weinen möchten, aber das erlauben sie sich nicht immer, denn sie wollen für ihre Partnerin stark sein.

Für Männer ist es schmerzlich, wenn sie spüren, dass sie ihrer Partnerin in der Trauer nicht wirklich helfen können. Sie können ihr weder den Schmerz nehmen, noch können sie, auch wenn sie es wollten, ein großes Stück des Trauerweges ihrer Partnerin gehen. Dies belastet Männer häufig zusätzlich, auch gedanklich.

Öffnet sich ein Mann, was vielen nicht leichtfällt, dann ist das am meisten in Verbindung mit seiner Partnerin. Für eine Paarbeziehung ist das auf der einen Seite so wertvoll und stärkend. Wiederum kann es die Frau in ihrer Trauer aber auch überfordern, und zwar, wenn sie ihren eigenen Trauergefühlen auch noch hilflos gegenübersteht.

Vielleicht kennt ihr das Gefühl: Ihr wollt euch gegenseitig helfen, aber ihr wisst nicht wie. Ihr seht, dass es dem anderen nicht gut geht, aber den Trauerschmerz könnt ihr nicht kleiner machen. Damit die Situation nicht anfängt, erdrückend zu werden, ist es notwendig, dass jeder auf sich schaut und sich um seinen eigenen Trauerschmerz kümmert.

Das schließt nicht aus, dass ihr füreinander da seid oder gemeinsame Trauerrituale pflegt. Vielmehr meint es, dass jeder von euch Verantwortung für seine Trauergefühle übernimmt. Wenn es euch hilft, dann auch mit professioneller Trauerbegleitung. Nur Mut!

In einer Situation, in der ihr beide mehr oder minder am Boden liegt, ist es sehr schwer, sich gegenseitig aufzuhelfen, auch wenn ihr euch so gerne aufhelfen würdet. Wenn jeder von euch aber erstmal versucht, selbst hochzukommen, könnt ihr zusammen sicherer stehen.

Manchmal passiert es, dass einer ungeduldig wird und sich wünscht, die Trauer des anderen dürfte doch langsam mal leichter werden. Geschieht dies aber nicht, kann die Ungeduld dazu führen, dass Paarkonflikte entstehen. Diese wiederum nehmen der Trauer ihren Raum.

Überfordern euch die Situation und das Verhalten eures bzw. eurer Partner*in, weil ihr es nicht richtig einordnen könnt? Fühlt es sich manchmal so an, als würde euch alles erdrücken? Habt ihr das Gefühl, dass ihr manchmal einfach nur „weg“ wollt, weil ihr die Enge nicht aushalten könnt?

Wenn das so ist, dann wartet nicht lange und sprecht miteinander über die Situation. Dies ist nicht leicht, keine Frage und doch so notwendig, damit euch diese nicht erdrückt.

Was eurer Paarbeziehung helfen kann:

Damit ihr euch gegenseitig besser lesen könnt, braucht es dafür Fragen und Antworten:

„Wie geht's dir?“ *„So geht es mir.“*

„Was brauchst du von mir?“ *„Das brauch ich von dir.“*

Mehr über das Erleben eurer Situation und die damit einhergehenden Gefühlen des anderen zu wissen, wird dazu führen, dass sich die Situation entspannt.

Es ist nicht leicht, dem bzw. der anderen mitzuteilen, dass sich die Situation erdrückend anfühlt, und doch wäre es gut. Ein ehrliches Gespräch bringt häufig Erleichterung für beide Seiten. Die Enge entsteht aus der Verantwortung heraus, die jeder meint, für den anderen tragen zu müssen. Es ist wunderbar, wenn Partner*innen Verantwortung füreinander übernehmen, aber dies sollte nicht so weit gehen, dass keiner mehr Luft holen kann.

- Um Missverständnissen vorzubeugen, lohnt sich eine **klare und offene Kommunikation**. Und um den anderen wirklich zu verstehen, lohnt es sich, seine Sprache kennenzulernen. Bei Unklarheiten nochmal nachzufragen, was der andere mit seiner Aussage mitteilen möchte. Eine entschleunigte und wohlwollende Kommunikation, die die Not des anderen im Blick hat.
- **Selbstfürsorge** hilft, sich zu stabilisieren und dafür ist es notwendig, seine eigenen Bedürfnisse zu kennen und für sie einzustehen. Wenn ihr gut für euch selbst sorgt, wirkt sich das positiv auf euer Miteinander aus, denn ihr werdet euch anders begegnen.

So findet ihr Wege aus der Ohnmachtsspirale

Sich einer Situation gegenüber ohnmächtig zu fühlen, ist schwer. Wenn das eigene Kind stirbt und man einfach nichts dagegen tun konnte, dann fällt man in ein tiefes Loch. Man fällt und fällt und kann sich nirgendwo festhalten. Das Gefühl der Kontrolle geht verloren.

Vielleicht kennt ihr diese Ohnmachtsgefühle und fragt euch, wie ihr wieder mehr Kontrolle über euer Leben bekommen könnt. Möchtet ihr losgehen, wisst aber noch nicht wie?

Ihr könnt aktiv werden! Für euch bedeutet das ganz konkret, dass ihr gegen eure Ohnmachtsgefühle und die Krise, in der ihr euch befindet, etwas tun könnt, was euch helfen wird diese zu bewältigen. Was das ganz genau bedeutet, lest ihr im nächsten Kapitel.

Das Zauberwort heißt „Resilienz"

Die Fähigkeit eines Menschen, eine Krise zu überstehen und wieder in einen Zustand des Wohlbefindens zurückzufinden, nennt man Resilienz. Oft wird diese mit „Stehaufmännchen" verglichen, die sich immer wieder aufrichten können, nachdem sie umgefallen sind.

Resilienz ist die psychische Widerstandskraft eines Menschen und wird auch als Immunsystem der Seele bezeichnet. Sie ist die Fähigkeit, sich von einer schwierigen Situation nicht unterkriegen zu lassen. Resilienz ist innere, stärkende Kraft, die durch schwere Zeiten trägt.

Resiliente Menschen können mit Krisen besser umgehen, denn sie haben Kompetenzen entwickelt, mit denen sie es schaffen, wieder in ihren psychischen Ursprungszustand zurückzukommen. Die gute Nachricht für euch lautet: Resilienz ist trainierbar.

Es ist nicht leicht, aber es wird, was ihr daraus macht.
Mit Mut und Hoffnung durch die Krise.

Aufgrund einer Langzeitstudie von Emmy Werner, einer amerikanischen Entwicklungspsychologin, wurde das Resilienz-Konzept entwickelt. Dieses Konzept benennt sieben Schlüssel der Resilienz, die in jedem Alter trainiert werden können. Deren Aufgabe ist, dass ein Mensch eine herausfordernde Krise bewältigen kann und gleichzeitig für zukünftige gestärkt wird.

Die 7 Schlüssel für innere Stärke:

- **Akzeptanz:** Anzunehmen, was ist und den Mut aufzubringen, durch Schmerz hindurchzugehen. Die Situation zu akzeptieren und, wenn möglich, Einfluss darauf zu nehmen.
  „Wir nehmen es an."
- **Optimismus:** Darauf zu vertrauen, dass es besser werden wird. Optimismus heißt nicht, die Realität zu ignorieren, sondern das kleine Licht ganz hinten im Tunnel zu sehen.
  „Wir werden es schaffen."
- **Selbstwirksamkeit:** Von den eigenen Kompetenzen überzeugt sein und Einfluss nehmen. Die Selbstwirksamkeit treibt an, aus eigener Kraft nach Lösungen für ein Problem zu suchen. Die Aufmerksamkeit ist auf mich gerichtet, d. h. ich kann etwas ändern.
  „Wir gehen los."
- **Verantwortung übernehmen:** Für die eigenen Entscheidungen und Fehler, das heißt zum Beispiel auch, um Entschuldigung zu bitten, wenn man einen Fehler gemacht hat. Eigenverantwortung bedeutet, dass eine Person für ihre Gefühle und Bedürfnisse sorgt und diese im Blick hat. Wer Verantwortung für sein Leben übernimmt, ist auf dem richtigen Weg zur inneren Stärke.
  „*Wir sorgen* für *uns.*"
- **Beziehungen gestalten:** Gute und verlässliche Beziehungen zu Freunden oder Familie pflegen und sich bei Herausforderungen Unterstützung von ihnen holen. Entscheidend ist, dass es Beziehungen sind, die Energie geben und nicht nehmen.

„Was wir nicht allein schaffen, dass schaffen wir mit anderen zusammen."

- **Lösungsorientierung:** Was bringt weiter? Den Schmerz zulassen, annehmen und dann losgehen. Die Dinge aktiv angehen und sich auf gut Funktionierendes konzentrieren.
  „Was genau wird uns helfen, um da rauszukommen?"
- **Zukunftsorientierung:** Die Zukunft planen und auf Ziele hinarbeiten.
  „Die Richtung stimmt. Da geht es lang."

Anhand der sieben Schlüssel wird deutlich, dass ihr euren Ohnmachtsgefühlen nicht ganz ausgeliefert seid. Ihr habt die Möglichkeit, gezielte Schritte zu gehen, um den Verlust zu verarbeiten. Es reicht aus, wenn ihr ganz kleine Schritte geht. Was zählt ist, dass ihr euch auf den Weg macht.

Innerlich stark zu sein oder zu werden, bedeutet …

- eine Krise anzunehmen und sich aktiv damit auseinanderzusetzen,
- die Trauergefühle zuzulassen, Traueraufgaben zu erledigen und mit vertrauten Menschen über den Verlust zu reden,
- Selbstfürsorge und Verantwortung für die eigenen Bedürfnisse und Wünsche zu übernehmen,
- enge Bindungen zu pflegen und nach Hilfe zu fragen, wenn man allein nicht weiterkommt, zum Beispiel bei Freunden, der Familie oder indem ihr euch professionelle Begleitung sucht.

Wie ihr seht, seid ihr der neuen Lebenssituation nicht komplett hilflos ausgeliefert, denn ihr könnt für euch, eure Trauergefühle und eure Paarbeziehung aktiv etwas tun.

Eines vorweg: Jeder Mensch ist individuell, hat sein eigenes Tempo und andere Bedürfnisse. Und weil wir alle Individuen sind, verarbeiten wir Krisen unterschiedlich schnell. Bitte seid liebevoll zu euch und gesteht euch dies gegenseitig zu. Nur so könnt ihr die Krise gemeinsam bewältigen.

7 Schlüssel der Resilienz

Nutzt eure Kraftquellen

In herausfordernden Zeiten ist es mitunter hilfreich, seine Kraftquellen zu kennen, um daraus zu schöpfen. Vielleicht fragt ihr euch jetzt, was damit gemeint ist?

Euch geht es gerade nicht gut, weil ihr trauert. Trauer kostet jede Menge Kraft und deshalb ist es wichtig, dass ihr euch und eure Kraftquellen im Blick habt.

Kraftquellen sind Dinge, die euch so richtig guttun und die euch Kraft schenken. Zum Beispiel ein Waldspaziergang, Musik hören, Sport, der Blick in die Ferne, ein Buch lesen, sich mit Freund*innen treffen oder nachmittags eine Tasse Tee trinken.

Dabei ist nicht entscheidend, welche Dinge das sind. Ausschlaggebend ist, dass ihr euch damit wohlfühlt, denn Kraftquellen haben eine Funktion. Wie der Name schon sagt, sie geben euch Kraft und ihr könnt euch dadurch besser fühlen.

Überlegt doch mal:

- Was habt ihr früher gerne gemacht?
- Was tut euch persönlich und als Paar gut?
- Welche Kraftquellen von früher passen gerade in eure derzeitige Lebenssituation? Welche passen gerade nicht und dürfen auf später verschoben werden?

Findet eure Kraftquellen im Alltag:

Sich seiner eigenen Kraftquellen bewusst zu werden, kann euch im Alltag dabei helfen, dass ihr ganz gezielt Dinge für euch tun könnt, die euch stärken.

- Findet eure Kraftquellen im Alltag und notiert diese auf einem Zettel. Lasst euch dabei von den vorangegangenen drei Fragen leiten.
- Befestigt den Zettel an einem Ort, den ihr im Blick habt, wie zum Beispiel am Kühlschrank oder im Wochenplaner und widmet euch täglich ein bis zwei Kraftquellen.

„Wir haben viel miteinander geredet und uns gegenseitig den Rücken freigehalten für alles, was uns guttat.

Ich habe mich mit anderen betroffenen Müttern ausgetauscht, Bücher gelesen, auf Social Media geschrieben, ein Fotoalbum geklebt, Zeit in der Natur verbracht, war viel spazieren und habe zahllose Kerzen und Zauberlichter gestaltet. In dieser Zeit sind über Musik, Symbole und Erlebnisse viele Verbindungen zu unserem Kind Moritz entstanden.

Es war uns wichtig, die Hoffnung nicht zu verlieren, dass auch wieder Leichtigkeit in unser Leben zurückkehren wird."

Eltern

Jeder schaut, was er braucht

Vielleicht denkt ihr gerade, dass es gar nicht so einfach ist zu wissen, was man braucht, wenn sich innerlich alles so leer anfühlt. Das ist es auch nicht und doch lohnt es sich, genauer hinzuschauen. Nur so könnt ihr euch und eure Bedürfnisse in dieser Ausnahmesituation wirklich verstehen. Und wer sich selbst mehr versteht, kann auch besser für sich sorgen.

Wenn sich Paare dann noch zusätzlich in ihrem Verhalten und mit ihren Bedürfnissen tiefer verstehen, dann ist das der von vielen Menschen gewünschte Sechser im Lotto. Also seid mutig, spürt in euch hinein und geht auf die Suche nach dem, was ihr braucht.

Bedürfnisse verändern sich auf einem Trauerweg und sind immer nur Momentaufnahmen:

- Vielleicht hattet ihr beide am Anfang das Bedürfnis nach Rückzug und jetzt wünscht sich einer von euch wieder mehr soziale Kontakte.
- Vielleicht möchte einer von euch aktiv sein und der andere lieber passiv.
- Vielleicht möchte einer reden, der andere schweigen.
- Vielleicht möchte einer von euch viele Tränen weinen, der andere aber nicht.

All das ist okay und darf so sein. Wichtig für eure Paarbeziehung ist, dass ihr euch das gegenseitig erlaubt.

Überlegt doch mal: Wie könntet ihr damit umgehen, dass ihr unterschiedliche Bedürfnisse in eurer Trauer habt? In den nächsten zwei Kapiteln werdet ihr einiges darüber erfahren.

Im Gespräch bleiben

Wissenschaftliche Studien belegen es: Paare, die sich regelmäßig Zeit zum Reden nehmen, sind zufriedener mit ihrer Paarbeziehung. Sie nehmen einander ausgeglichener wahr, weil Themen besprochen und eben nicht unter den Teppich gekehrt werden.

Bleiben Paare im Gespräch, fühlen sie sich verbundener miteinander und erleben sich verständnisvoller. Ebenso schaffen sie es besser, mit Herausforderungen und Veränderungen zurechtzukommen.

Im Gespräch zu bleiben ist manchmal gar nicht so einfach, vor allem dann, wenn die Worte fehlen. Vielleicht habt ihr in der Vergangenheit nur selten tieferliegende Themen miteinander besprochen, was die Situation zwischen euch beiden für den Moment etwas erschwert.

Vielleicht meidet ihr auch Gespräche miteinander, weil diese in der Vergangenheit häufig schiefgelaufen sind. Welcher Stolperstein es auch ist, ihr könnt schaffen, ihn zu überwinden, denn miteinander zu reden kann man lernen.

Wenn etwas problematisch geworden ist, dann kostet dies Kraft und Nerven. Es bedeutet aber nicht, dass es für immer so bleiben muss. Sobald ihr das erkannt habt, eröffnet sich die wunderbare Chance, etwas dagegen zu tun.

Damit ihr die Wege, die euch aus der Ohnmachtsspirale führen, auch findet, müsst ihr ganz langsam losgehen. Schritt für Schritt und jeder in seinem eigenen Tempo. Dabei ist nicht entscheidend, wer schneller oder wer langsamer läuft, sondern dass ihr die Schritte geht.

Wenn ihr das Gefühl habt, dass die Hindernisse zu groß sind und die Situation zwischen euch beiden festgefahren ist, dann wartet nicht lange und holt euch professionelle Unterstützung, zum Beispiel eine Paarberatung oder Trauerbegleitung.

Wir leben im 21. Jahrhundert und es gibt die Möglichkeit, sich professionelle Hilfe zu suchen. Das ist ein großes Geschenk und ihr dürft es annehmen, wenn ihr allein nicht weiterkommt.

Was jeder für sich tun kann:

- Resilienz trainieren
- Kraftquellen fokussieren
- Sich selbst wichtig nehmen

Was ihr für eure Paarbeziehung tun könnt:

- Wohlwollende Kommunikation
- Verständnis aufbringen
- Aus der Deckung kommen
- Auf den anderen zugehen

> „Geholfen hat uns gemeinsame Zeit. Tatsächlich Freiraum schaffen, dass wir wissen, wir haben jetzt diese Zeit. Rituale sind weiterhin wichtig und geben uns ein wenig Stabilität zurück, bspw. Sonntagabend Tatort, bis dann ist die Wohnung aufgeräumt und alles für die kommende Woche vorbereitet."
>
> *Eltern*

Wenn euch die Worte fehlen, nutzt Strategien

Fehlen euch die Worte, um miteinander ins Gespräch zu kommen? Wisst ihr nicht, was ihr sagen sollt? Wollt ihr den Schmerz eigentlich laut aus euch herausbrüllen, aber es geht nicht? Möchtet ihr euch mitteilen, aber wisst nicht wie?

Trauer macht stumm, weil es für den Verlust, der euch widerfahren ist, zumindest am Anfang kaum Worte gibt.

Es ist okay, wenn euch am Anfang eurer Trauer die Sprache fehlt. Und es ist auch okay, wenn dies nur einem von euch so geht. Gut wäre, wenn ihr es schafft, euch dies zu erlauben und zuzugestehen.

Einer muss beginnen

Damit ihr mit der Zeit wieder miteinander reden könnt, ist es notwendig, einen liebevollen Schritt aufeinander zuzugehen. Einer darf beginnen und dem anderen „die Hand reichen".

Nicht selten ist es so, dass dies einem Partner leichter fällt als dem anderen. An dieser Stelle wäre es wertvoll, wenn dieser den ersten Schritt macht.

Wenn es euch gerade beiden schwerfällt, miteinander in Kontakt zu kommen, dann wartet nicht zu lange und nutzt die Strategie aus dem nächsten Kapitel „Die Strategie heißt ‚verbindender Dialog'".

Achtung, es gibt etwas zu beachten:

Gelingende Kommunikation braucht Übung, denn es ist nicht selbstverständlich, dass eine gesendete Botschaft auch beim Empfänger ankommt. Das liegt daran, dass Botschaften auf unterschiedlichen Kanälen gesendet werden, was zu Missverständnissen führen kann.

Auch wie ihr Informationen wahrnehmt oder entschlüsselt, ist abhängig von verschiedenen Faktoren wie zum Beispiel individuellen Erfahrungen, Erwartungen oder dem jeweiligen Wohlbefinden.

Alle Menschen, und das betrifft auch euch beide, filtern Informationen und diese Filter gestalten sich facettenreich. Eure Filter sind abhängig von euren jeweils unterschiedlichen Erfahrungen und Bewertungen.

Etwas wahrzunehmen, zu begreifen und zu erkennen, sprich etwas nachzuvollziehen, ist ein aktiver Prozess im Inneren des Empfängers einer Nachricht. Tatsächlich stimmen das, was eine Person sendet und das, was die andere Person empfängt, nie zu hundert Prozent überein.

Was jemand aus einer empfangenen Information macht, welche Informationen verstärkt oder ausgeblendet werden, bestimmt letztendlich der Empfänger. Ihr merkt, sich richtig zu verstehen, ist gar nicht so einfach.

Das heißt für euch:

- Lasst den anderen aussprechen und fragt nach, ob ihr eine Aussage richtig verstanden habt, wenn ihr unsicher seid.
- Sprecht von euch selbst und sendet Ich-Botschaften, zum Beispiel: *„Ich habe das Gefühl, wir reden aneinander vorbei, bitte erkläre mir deine Aussage, damit ich dich verstehe"; „Ich habe dich noch nicht verstanden, aber ich möchte dich gerne verstehen"; „... habe ich das richtig verstanden?"*
- Fahrt das Tempo, in dem ihr miteinander sprecht, herunter und entschleunigt eure Kommunikation.

Reden Partner*innen zu wenig über Gefühle, Wünsche und ungelöste Konflikte, entstehen häufig Frust und Enttäuschungen.

Die Strategie heißt „verbindender Dialog"

Häufig unterschätzt ist die Kraft eines tiefen Gesprächs. Mitunter nicht immer leicht zu führen, bringt es jedoch einen wundervollen Kontakt und Erleichterung mit sich. Paare, die nur wenig in echtem Kontakt miteinander sind und die nur Unwesentliches miteinander besprechen, erleben ihre Beziehung häufig als farblos und fühlen sich nicht „richtig" miteinander verbunden.

Sollten sich bei euch mit der Zeit von allein keine Gespräche entwickeln, dann verabredet euch dazu. Das ist zum einen tief berührend und zum anderen unwahrscheinlich anstrengend, aber der Gewinn ist eine tiefe (Ver-)Bindung.

Lernt, ...

- Wesentliches miteinander zu bereden.
- dass sich so eure Beziehung weiterentwickelt.
- wer verstanden werden möchte, darf sich mitteilen.
- wer etwas über den anderen erfahren möchte, darf zuhören.

Damit ihr beide wieder miteinander ins Gespräch kommt und sich eine verbindende Kommunikation zwischen euch entwickelt, hilft es, wenn ihr euch regelmäßig zu einem Gespräch verabredet.

Der verbindende Dialog ist ein Austausch über euer beider Befinden und soll die Bindung zwischen euch beiden stärken. Wenn ihr regelmäßig über Wesentliches sprecht, wendet ihr euch wirklich einander zu und nicht voneinander ab. Sich mit seinen Sorgen, Nöten, Wünschen, Bedürfnissen und Gefühlen zu zeigen, eröffnet die wunderbare Möglichkeit, den anderen wirklich zu sehen.

So wichtig es auch ist, sich mitzuteilen, notwendig ist auch, dass ihr dem anderen gut zuhört. Echtes Zuhören meint einfühlendes Verstehen: Was wird gesagt? Wie ist die Sicht des anderen? Was steht hinter den Worten? Welche Wünsche und Bedürfnisse könnt ihr wahrnehmen? Nehmt Anteil an Gefühlen, erkennt das Erleben des anderen an und lasst euch darauf ein. Nehmt den anderen mit seinen Worten ernst und achtet seine Gefühle.

Jeder darf seine eigene Sicht auf die Dinge haben und diese Sichtweisen müssen nicht zwingend übereinstimmen. Notwendig und wertschätzend wäre es, dem anderen diese eigene Sicht zu erlauben, ohne ihn dafür zu bewerten.

Anleitung für einen verbindenden Dialog:

- Verabredet euch regelmäßig für ein Gespräch. Plant euch diesen Termin als **feste Verabredung** ein und findet Ausweichtermine, sollte dieser einmal nicht stattfinden. Gut wäre, wenn ihr euch den Termin im Wochenkalender notiert.
- Sucht euch einen **ruhigen Ort**, an dem ihr euer Gespräch führen wollt und handelt aus, wer beginnen möchte.
- Die leitende Frage für euer Gespräch könnte zum Beispiel folgende sein: *„Was bewegt mich im Moment am stärksten in unserer Beziehung?“*

Jedes gute Gespräch hat, auch wenn nicht immer bewusst, im Grunde „Gesprächsregeln“. Damit ihr nährende Gespräche führen könnt, lohnt es sich, ein paar dieser **Gesprächsregeln** einzuhalten:

- Gesagtes bleibt stehen, ohne dass es vom anderen bewertet wird. Wohlwollende Gedanken sind hingegen willkommen.
- Jeder nutzt Ich-Aussagen, das heißt ihr sprecht von euch selbst und eurem eigenen Erleben.
- Damit ihr stärkende Gespräche erlebt, müssen vorwurfsvolle Du-Botschaften, Schuldzuweisungen oder vorschnelle Lösungen vermieden werden.
- Gesprächspausen dürfen ausgehalten werden, denn sie sind wichtig zum Nachdenken und um Unklarheiten zu klären.

Gemeinsam schweigen

Damit ihr mit der Zeit eure Worte wiederfindet und in Verbindung bleibt, gehören eben auch die Zeiten dazu, in denen nur wenig geredet wird. Auch gemeinsam zu schweigen kann verbinden, wenn dies beiden guttut und ihr euch das mitteilt.

Wenn ihr aus der Stille nur ein klein wenig Kraft schöpfen könnt, dann nutzt sie. Stille zwischen euch sagt rein gar nichts darüber aus, wie ihr zueinandersteht. Die Kraft, die ihr daraus schöpft, könnt ihr auf eurem Trauerweg für euch nutzen.

Wenn einer von euch gerade schweigen möchte und der andere reden, treffen unterschiedliche Bedürfnisse aufeinander und es benötigt einen Kompromiss. Und zwar sollte dieser so geschlossen werden, dass er sich für euch beide gut anfühlt.

Ihr könntet euch zum Beispiel für den Anfang erstmal für Gespräche verabreden mit einer kurzen Redezeit für jeden. Alternativ könnte die Person mit Redebedarf auch einen Brief an den anderen schreiben. Somit kann alles mitgeteilt werden und der andere kann entscheiden, wann er ihn liest.

Eine dritte Möglichkeit wäre, dass sich die Person mit Redebedarf zusätzlich mit anderen Vertrauenspersonen, wie zum Beispiel Trauerfreund*innen, Freund*innen oder Familienmitgliedern unterhält. Auf diese Weise kann die Person ihr Bedürfnis, sich mitteilen zu wollen, stillen und überfordert ihr Gegenüber nicht. Das vermeidet Konfliktpotenzial auf der Paarebene.

Wenn jeder für sich sorgt, ist beiden geholfen

Der Verlust eures Kindes hat euer Leben auf den Kopf gestellt. Von jetzt auf gleich sind eure Pläne und Träume zerplatzt. All das müsst ihr verkraften und verarbeiten, wen wundert es dann, dass ihr dünnhäutiger geworden seid.

Vielleicht habt ihr das Gefühl, dass momentan viele Eindrücke auf euch einprasseln, die ihr nicht filtern könnt. Vielleicht reagiert ihr empfindlicher auf Reize wie zum Beispiel Geräusche, Gerüche, Licht oder Emotionen. Eure intensive Wahrnehmung, vor der ihr euch gerade nur schwer schützen könnt, erhöht euer Stressniveau und führt dazu, dass euer Körper Stresshormone ausschüttet.

Dünnhäutigkeit und was dagegen hilft

So individuell wie ihr beide die mögliche Dünnhäutigkeit erlebt, so individuell sind auch die Bewältigungsstrategien. Vielleicht helfen euch Meditationen, autogenes Training oder Atemübungen. Vielleicht helfen euch aber auch sportliche Aktivitäten oder ein geregelter Tagesablauf. Was es auch ist, probiert euch aus und sorgt für euch.

Ist eine Person dünnhäutig, dann kann sie den vielen Reizen, die ihr im Alltag begegnen, nicht wirklich aus dem Weg gehen. Und das kann dazu führen, dass die Zündschnur einfach kürzer ist.

Dünnhäutigkeit kann, wenn sie beim anderen fehlinterpretiert wird, zu Paarkonflikten führen. Auch an dieser Stelle wäre es hilfreich, wenn ihr das Verhalten des bzw. der anderen nicht auf euch bezieht.

Was euch bei Dünnhäutigkeit und innerlichem Stress helfen kann:

Entspannungsverfahren können euren Trauerprozess unterstützen, denn in einer Krise ist das Gleichgewicht gestört. Sich krank fühlen, Vergesslichkeit, Schlafprobleme oder Appetitlosigkeit sind mögliche Folgen der Krise.

Trauer ist ein Ausnahmezustand und bedeutet Stress für Körper und Psyche. Entspannungsverfahren können euch dabei helfen, körperlichen Stress abzubauen und das Gedankenkarussell zu stoppen.

In der Trauer ist es nicht leicht, sich zu spüren oder wahrzunehmen. Es lohnt sich aber dranzubleiben, denn ihr könnt dadurch Stück für Stück wieder im Alltag ankommen.

- **Meditation:** Dankbarkeit und Liebe

Sucht euch eine bequeme Position im Sitzen oder Liegen und haltet diese für ca. 3 Minuten. Schließt eure Augen und lenkt eure Aufmerksamkeit auf euer Herz. Verweilt etwas in diesem Moment, bis eure Atmung ganz ruhig wird. Atmet nun langsam 5 Sekunden durch die Nase ein und 5 Sekunden durch den Mund wieder aus. Wiederholt dies innerhalb des gesamten Zeitraums eurer Meditation.

Durch die verlangsamte Atmung kann euer Herz ganz ruhig und gleichmäßig schlagen, was eure Stresshormone reduziert. Wenn ihr spürt, dass eure Körper entspannt sind, dann legt eine Hand auf euer Herz: Nehmt euren Herzschlag wahr und stellt euch vor, wie ihr mit eurem Herz und seinem Rhythmus in liebevollen Kontakt geht.

Ganz langsam werdet ihr spüren, wie sich in euch ein wohlig warmes Gefühl ausbreitet. Sendet Dankbarkeit und ganz viel Liebe für euer Kind in euer Herz. Spürt die Veränderung, die in euren Körpern passiert. Atmet weiterhin ein und wieder aus. Wenn ihr nach 3 Minuten zurück in euer Wachbewusstsein kommt, nehmt euch Zeit und spürt nach.

- **Autogenes Training**

Autogenes Training nach Johannes Heinrich Schultz ist ein auf Autosuggestion basierendes systematisches Übungsverfahren. Es besteht in seiner Struktur aus drei Stufen. Ziel ist es, durch die Anwendung der eigenen Vorstellungskraft das vegetative Nervensystem, die Muskeln und das Kreislaufsystem bewusst zu beeinflussen und zu entspannen.

Wenn ihr im Internet oder auf verschiedenen Streaming-Portalen das Schlagwort „Autogenes Training" eingebt, findet ihr angeleitete Übungen wie zum Beispiel die Schwereübung oder die Wärmeübung.

- **Progressive Muskelentspannung (PMR)**

PMR nach Jacobson ist ein Entspannungsverfahren, welches auf Anspannung und Entspannung basiert. Einzelne Muskelgruppen werden systematisch angespannt und dann wieder losgelassen. Dadurch wird der Unterschied von Anspannung und Entspannung deutlich spürbar und das ist hilfreich, um den Körper bewusster wahrzunehmen.

Drei Grundregeln – Anspannung, Halten, Loslassen

Jede Übung verläuft in drei Stufen: Zuerst spannt ihr einen Muskel bzw. eine Muskelgruppe an, haltet die Spannung und lasst dann los. Beim Anspannen gilt, die Muskeln so fest wie möglich anzuspannen. Die Spannung soll 7 Sekunden gehalten werden. Dabei dürft ihr ruhig weiteratmen. Danach lasst ihr die Anspannung schlagartig los und die Entspannung kann sich entfalten.

Sucht euch für die Übung einen ungestörten Ort in eurer Wohnung und führt sie im Liegen aus. Entspannt nach und nach alle Muskelgruppen, zum Beispiel rechte Hand, rechter Arm, linke Hand, linker Arm, Stirn, Nase, Wangen, Mund, Nacken, Hals usw.

Bei Entspannungsverfahren gilt, dass ihr sie regelmäßig durchführen solltet, damit ihr davon profitieren könnt.

Wenn ihr lieber in der Gemeinschaft Autogenes Training oder PMR erlernen möchtet, dann erkundigt euch nach Kursanbietern in eurer Nähe. Auch Volkshochschulen haben die beiden Entspannungsverfahren im Programm.

Eigene Bedürfnisse und Grenzen im Blick haben

In Zeiten der Not ist es wichtig, dass ihr eure Bedürfnisse und Grenzen gut im Blick behaltet. Aber was waren noch mal Bedürfnisse? Wie im Kapitel „Vorwürfe schaffen Distanz“ schon einmal erwähnt, ist ein Bedürfnis ein Wunsch oder ein Verlangen nach etwas zu haben, was ihr benötigt, damit ihr euch wohlfühlt. Ihr empfindet einen Mangel und habt den Wunsch, diesen zu beseitigen.

Eure Gefühle und eure Bedürfnisse stehen im engen Zusammenhang, denn eure Bedürfnisse sind die Wurzel eurer Gefühle und somit sehr bedeutsam. Hier einige Beispiele:

- Habt ihr das Bedürfnis nach Erholung und möchtet euch zurückziehen?
- Seid ihr müde und benötigt Schlaf?
- Möchtet ihr in einer bestimmten Situation eure Position noch einmal deutlich machen, weil ihr das Bedürfnis habt, verstanden zu werden?
- Vielleicht möchtet ihr rasch wieder arbeiten gehen, weil ihr ein Bedürfnis nach Sicherheit in euch wahrnehmt?
- Verspürt ihr den Wunsch, euch dem anderen nah zu fühlen, weil ihr gerade jetzt Geborgenheit benötigt?
- Möchtet ihr kreativ sein, weil ihr das Bedürfnis nach Ausdruck habt?

- Benötigt ihr mehr Unterstützung?
- Habt ihr das Bedürfnis nach Gemeinschaft, weil ihr euch alleingelassen mit der Situation fühlt?
- Möchtet ihr autonom sein und euren eigenen Trauerweg gehen dürfen?
- Fühlt ihr euch dünnhäutig und habt das Bedürfnis nach Schutz?

Welche Bedürfnisse ihr auch habt, es ist wichtig diese zu kennen. Denn wer seine eigenen Wünsche und Sehnsüchte kennt und weiß, was er braucht, kann gut für sich sorgen und für seine Grenzen einstehen.

Grenzüberschreitungen sind subjektiv, weil sie von unseren persönlichen Werten und individuellen Erfahrungen abhängen. Jeder Mensch darf seine persönlichen Grenzen für sich definieren und sollte Verantwortung für ihre Einhaltung übernehmen. Deshalb ist es gut, seine eigenen Werte, Wünsche und Bedürfnisse zu kennen, um seine Grenzen zu spüren.

Aktuell seid ihr beide nicht in eurer alten Kraft und deshalb ist es umso wichtiger, dass ihr euch vor überfordernden Anforderungen im Außen schützt:

- Ihr müsst keine Gespräche mit Menschen führen, die euch aktuell nicht guttun.
- Ihr müsst auch keinen Smalltalk halten, wenn ihr lieber tiefe Gespräche führen wollt.
- Ihr müsst keine großen Entscheidungen treffen, wenn euch das gerade überfordert.
- Ihr müsst im Job auch nicht einen Auftrag nach dem anderen möglichst schnell und wie früher erledigen, wenn ihr gerade keine Kraft habt.
- Ihr müsst nicht lachen, wenn ihr gerade lieber weinen möchtet.

- Ihr müsst euer Kind nicht aus Rücksichtnahme verschweigen, wenn ihr eigentlich der ganzen Welt von ihm erzählen wollt.
- Ihr müsst nicht aktiv sein, wenn ihr eigentlich Ruhe braucht.

Hört mal in euch hinein und spürt nach, ob ihr euch wirklich allen überfordernden Anforderungen von außen stellen müsst, weil ihr glaubt, dass dies von euch erwartet wird.

Ein „*Nein*" zu anderen ist immer auch ein „*JA*" zu euch selbst. Und damit ihr irgendwann wieder in eure Kraft kommen könnt, braucht ihr ein lautes „*JA*" zu euch selbst. Vielleicht wird es nicht die alte Kraft werden, aber das muss es auch nicht. Vielleicht wird es eine neue und noch viel stärkere.

Habt den Mut, für euch zu sorgen:

- Ihr dürft Gespräche konstruktiv und klar beenden, wenn sie euch nicht guttun.
- Ihr dürft andere darum bitten, euch bei einer Entscheidung noch etwas Zeit zu geben, wenn ihr diese gerade braucht.
- Ihr dürft an eurer Arbeitsstelle Aufträge langsamer als früher abarbeiten, wenn ihr dadurch besser in eurer Kraft bleibt.
- Ihr dürft euch Ruhe gönnen, wenn ihr diese braucht.
- Ihr dürft weinen, wenn euch danach ist.
- Ihr dürft immer und überall von eurem Kind sprechen, wenn ihr der Welt vom ihm erzählen wollt.
- Ihr dürft freundlich kommunizieren, was ihr möchtet.

Schützt ihr euch beide vor zusätzlichen Belastungen und habt eure Bedürfnisse im Blick, hat dies positive Auswirkungen auf eure Paarbeziehung. Dies liegt daran, dass ihr beide mehr für euer Wohlbefinden und eure Kräfte einsteht, woraus ihr schöpfen könnt.

Wenn jeder auf sich und ihr beide aufeinander achtet, dann können auch weniger kräftezehrende Grenzüberschreitungen im Außen geschehen. Aber auch innerhalb eurer Paarbeziehung wird es zu weniger Grenzüberschreitungen kommen, weil ihr die Bedürfnisse des anderen kennt und dadurch besser darauf eingehen könnt.

Übung „Der Selbstfürsorgekreis"

Selbstfürsorge bedeutet, sich Zeit für Dinge zu nehmen, die euch dabei helfen werden, dass ihr euch psychisch und körperlich wieder besser fühlt. Sie schenkt euch Energie und hilft euch dabei, dass ihr die Situation bewältigen könnt.

Selbstfürsorge und Bedürfnisse sind eine untrennbare Einheit. Kennt ihr eure Bedürfnisse, dann wisst ihr, was ihr braucht, damit ihr gut für euch sorgen könnt. Damit ihr eure Bedürfnisse in der aktuellen Situation wieder mehr wahrnehmen, spüren und achten könnt, lohnt sich die Übung „Der Selbstfürsorgekreis“: Findet heraus, was ihr gerade im Alltag benötigt, um den Verlust zu verarbeiten. Welche Bedürfnisse wollen gestillt werden?

Beispiele für allgemein bekannte Bedürfnisse: Sicherheit, Anerkennung, Gemeinschaft, Würde, Schutz, Geborgenheit, Wertschätzung, Orientierung, Trost, Bindung, Verständnis, Empathie, Zuwendung, Halt, Verantwortung, Ausdruck, Grenzen, Autonomie, physische Grundbedürfnisse wie zum Beispiel Bewegung, Essen, Trinken, Schlafen, Erholung ...

Wenn ihr euch die Beispiele durchgelesen habt, dann notiert eure Bedürfnisse auf einem Zettel. Überlegt gemeinsam, wie ihr aktuell durch Selbstfürsorge in eurem Alltag für eure Bedürfnisse sorgt.

Beispiele für Selbstfürsorge und welche Bedürfnisse dadurch gestillt werden können:
Zeit zum Trauern haben → z. B. Sicherheit, Bindung, Ausdruck; **Sport, körperliche Aktivität, Spaziergänge** → z. B. Bewegung, Kontrolle, Halt; **Yoga** → z. B. Erholung, Regulation, Entspannung; **Trost durch andere** → z. B. Verständnis, Gemeinschaft, Kontakt, Regulation; **Sich mit Freund*innen oder der Familie treffen** → z. B. Bindung, Gemeinschaft, Unterstützung; **Emotionale Selbstfürsorge wie z. B. Gefühle wahrnehmen und zulassen** → z. B. Verantwortung, Ausdruck, Regulation; **Regelmäßig essen** → z. B. die Bedürfnisse des Körpers stillen; **Kreativ werden** → z. B. Ausdruck, Kontrolle, mit allen Sinnen wahrnehmen; **Gespräche** → z. B. Verständnis, Bindung, Kontakt; **Tagesstruktur** → z. B. Halt, Kontrolle, Sicherheit, Orientierung; **Zeit zu zweit** → z. B. Bindung, Geborgenheit; **Buch lesen** → z. B. Erholung, Neugierde, Lernen; **Musik hören** → z. B. Ausdruck der Gefühle; **Zeit für sich allein** → z. B. Schutz, Erholung, Autonomie; **Sich anderen anvertrauen** → z. B. Anerkennung, Verständnis, Unterstützung; **Arbeiten gehen** → z. B. Kontrolle, Sicherheit, Halt
Ergänzt die Liste durch Dinge, die für euch wichtig sind.

- Nehmt euch jeder einen Stift und zeichnet jeder auf ein Blatt Papier zwei Kreise. Der IST-Kreis steht für eure jeweiligen Bedürfnisse und euren aktuellen Umgang damit. Versucht sie anhand von „Tortenstücken“ im IST-Kreis so einzuteilen, wie es sich gerade tatsächlich in eurem Leben verhält.
- 100 Prozent vom Kreis stehen für eure volle Zufriedenheit und jedes Bedürfnis ist ein Teil davon. Im Beispiel (Abbildung auf der nächsten Seite) nimmt bspw. das Bedürfnis nach Entspannung durch Yoga gerade 10 Prozent Platz in eurem Leben ein.
- Habt ihr alle für euch wichtigen Bedürfnisse erkannt und im Kreis dargestellt, übertragt diese in den Kreis, der den SOLL-Zustand visualisiert. Teilt die „Tortenstücke“ so auf, wie ihr euch diese wünschen würdet.

Wenn ihr nun beide Kreise miteinander vergleicht, seht ihr, an welchen Stellschrauben ihr noch drehen dürft. Habt eure Bedürfnisse und die damit verbundene Selbstfürsorge im Blick und bleibt dran.

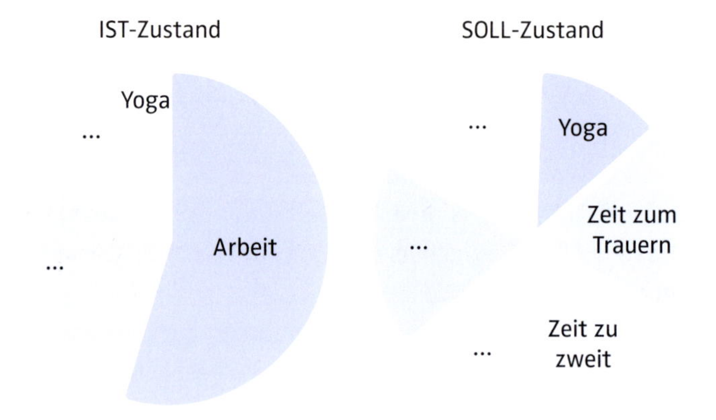

Beispiel für die Übung „Selbstfürsorgekreis"

Verständnis verbindet

Verständnis für den anderen aufzubringen bedeutet, ihn zu verstehen. Es bedeutet ebenso, dass man die Situation des anderen gefühlsmäßig nachvollziehen kann. Unverständnis führt hingegen zu Leid und dem Wunsch, der andere könne das eigene Empfinden nachvollziehen und besser reagieren.

Dass Männer und Frauen unterschiedlich kommunizieren und es dadurch zu Problemen kommen kann, ist kein Geheimnis und auch von Studien belegt. Männer kommunizieren gerne kurz, klar und wollen informiert werden. Frauen wählen hingegen ausführliche und lange Sätze, verbunden mit vielen Informationen.

Eine Frau möchte mit ihren Gefühlen verstanden werden, bewirkt jedoch häufig das Gegenteil bei einem Mann, wenn sie ihn mit zu vielen Worten überfordert. Ein Mann sucht im Gespräch gerne schnell nach Lösungen, während eine Frau doch eigentlich den innerlichen Wunsch hat, erstmal etwas loszuwerden.

Verstehen kann so einfach sein und ist doch manchmal so schwer. Handelt ihr jedoch bedacht und seid achtsam, bekommt ihr das ganz sicher hin.

Damit ihr einander wirklich verstehen könnt, ist es notwendig, dass ihr euch die unterschiedlichen Kommunikationsstile bewusst macht und euch darauf einlasst.

Was euch helfen kann:

- Sende du, liebe Frau, kurze und klare Botschaften an deinen Partner, dann kann er dich und deine Wünsche besser verstehen.
- Höre du, lieber Mann, deiner Partnerin erst einmal zu und meide vorschnelle Lösungen, dann fühlt sie sich von dir verstanden.

Jeder Konflikt ist auch immer eine Chance

Wer mag schon gerne Konflikte austragen und vor allem dann, wenn eh gerade alles sehr schwer ist. Konflikte sind nicht immer schön, aber häufig Vorboten möglicher Entwicklung.

Vielleicht habt ihr beide gerade mehr Konflikte miteinander als ihr es sonst gewohnt seid. Tagelanges Stillschweigen, lautes Anfahren, trotzige Reaktionen, all das sind mögliche Verhaltensweisen, die eine positive Weiterentwicklung herbeisehnen.

Ja, ihr beide seid verschieden und das, was euch am anderen am Anfang so sehr angezogen hat, fängt irgendwann an zu nerven. Da wird die Faszination über das ruhige Gemüt des anderen auf einmal zum Problem, weil er so langsam ist. Oder es wirkt störend, weil das starke Gegenüber auch eine unsensible Seite zeigt.

Paarbeziehungen sind durch Gegensätze gekennzeichnet. Der bzw. die andere ist eben wirklich anders und das ist okay. Vielleicht schafft ihr es, den anderen so zu lassen, wie er ist, ohne ihn ständig dafür zu kritisieren. Und vielleicht schafft ihr es eben auch, das negative Verhalten des anderen als Wunsch nach Weiterentwicklung zu entschlüsseln.

Über Konflikte

Konflikte gehören zu allen Beziehungen dazu und eben auch zu Paarbeziehungen. Zwei Menschen mit unterschiedlichen Standpunkten treffen aufeinander und das führt zu Reibung.

Bei Konflikten geht es darum, Dinge neu miteinander auszuhandeln und einen gemeinsamen Kompromiss zu finden. Entscheidend dabei ist, dass sich der Kompromiss für beide Seiten gut und richtig anfühlt.

Es ist ein Trugschluss zu glauben, dass Konflikte immer sofort gelöst werden müssen. Nicht wenige Paare setzen sich in diesem Zusammenhang unnötig unter Druck, denn eine „schnelle Lösung“ ist nicht immer „die Lösung“.

Wiederum andere Paare vermeiden Konflikte, um unnötigen Ärger gar nicht erst aufkommen zu lassen. Dinge zu vermeiden und unter den Teppich zu kehren, kann für eine kurze Zeit sehr erleichternd sein. In der Regel ist es aber so, dass Paare über ungelöste Konflikte immer wieder stolpern werden.

Es lohnt sich also, Konflikte miteinander auszutragen und einen Kompromiss zu finden. Damit dies gelingen kann, benötigt es einen ruhigen Moment und eine bedachte Kommunikation.

Was euch bei Konflikten helfen kann:

- **Ich-Botschaften** senden, d. h. von sich selbst zu sprechen und nicht die Schuld für verschiedene Situationen dem anderen in die Schuhe zu schieben. Hinter Du-Botschaften verstecken sich häufig Vorwürfe und deshalb sollten diese vor allem in konfliktgeladenen Situationen gemieden werden.
  „Ich habe das Gefühl, dass es zwischen uns beiden gerade angespannt ist. Wie siehst du das?“
  Statt:
  „Du bist immer so angespannt!“
  „Ich wünsche mir mehr Zeit mit dir.“
  Statt:
  „Du hast nie Zeit für mich!“
  „Ich brauche gerade Raum für meine eigene Trauer.“
  Statt:
  „Du erdrückst mich.“

- **Entschleunigung in der Kommunikation**, d. h., wenn Partner*innen Konflikte langsamer miteinander austragen, hilft das dabei, eine gesendete Botschaft wirklich zu verstehen. Es gibt zudem Raum, um nochmal nachzufragen, ob man eine Aussage richtig verstanden hat. Bei einem Schlagabtausch ist dies nicht möglich.

- Die vier Schritte der **Gewaltfreien Kommunikation** nach M. Rosenberg: a) Beobachtung, b) Gefühle benennen, c) Bedürfnisse benennen, d) Wunsch formulieren.
  Zum Beispiel:
  „Ich sehe, dass du dich von mir zurückziehst (a) und das fühlt sich nicht gut an (b), weil ich so gerne für dich da sein möchte (c). Ich wünsche mir kleine Paar-Inseln im Alltag (d).“
  „Ich sehe deine Trauer-Wut (a) und das macht mich traurig (b), aber es ist okay. Ich würde gerne für dich da sein (c) und bitte dich darum, dass du mir sagst, wann du mich brauchst (d).“
  „Ich merke, dass wir bei dem Thema nicht der gleichen Meinung sind (a) und das macht mich wütend (b). Ich möchte von dir ernst genommen werden (c) und wünsche mir, dass wir eine gemeinsame Lösung finden (d).“

So findet ihr eure neue Paar-Identität

Vorerst Abschied von euren Wünschen und Träumen nehmen zu müssen, bedeutet Veränderung. Und mit Veränderungen gehen Menschen unterschiedlich um, was auch euch beide betrifft.

Abschiede sind nicht leicht und drücken und schmerzen ganz tief im Herzen. Ein Abschied bedeutet aber nicht nur, dass ihr etwas verloren habt, sondern dass euch auch etwas geschenkt wurde.

- Welches Geschenk nehmt ihr mit?
- Wo hat es einen sicheren Platz in eurem Leben?
- Wie möchtet ihr diesen Abschied für euch als Paar gestalten?

Eurem Abschiedsprozess dürft ihr viel Zeit geben, denn nur eines ist dabei maßgebend, und zwar euer emotionales Tempo.

Ein neues Fundament legen

Für ein neues Fundament wäre es hilfreich, wenn ihr darüber sprecht, welche Gefühle euren Abschiedsprozess begleiten. Und ob sie sich mit der Zeit verändern.

Sprecht darüber, wie viel Zeit ihr euch für den Abschied geben möchtet. Ist es für beide okay, wenn einer eventuell mehr Zeit benötigt? Wenn ja, wie teilt er es dem anderen mit? Sprecht darüber, was nach dem Abschiedsprozess kommen darf. Was kommt stattdessen?

Traut euch zu, gemeinsam einen mutigen Blick in Richtung Zukunft zu wagen und besprecht dabei, wie ihr euch diese vorstellt. Wo seht ihr euch in einem Jahr?

Veränderung braucht Zeit

Eine neue Paar-Identität findet man nicht über Nacht, denn das benötigt vor allem eines, und zwar Zeit. Gut wäre, wenn ihr euch diese schenken könntet. Ihr musstet schon von jetzt auf gleich lernen und annehmen, dass euer Kind bei den Sternen wohnt. Plötzlich Eltern eines Sternenkindes oder ein verwaister Elternteil zu sein, ist schon herausfordernd genug.

Jetzt dürft ihr lernen, eurer Paarbeziehung Zeit zu geben und sie wie ein zartes Pflänzchen zu sehen, was versorgt und gepflegt werden möchte. Dieses kleine Pflänzchen benötigt Fürsorge und Schutz, damit es nicht eingeht.

Was eure Paarbeziehung jetzt braucht

Eure Paarbeziehung wird durch den Verlust auf eine große Probe gestellt. Und damit euer Pflänzchen nicht eingeht, ist es notwendig, dass ihr wohlwollend auf den anderen schaut.

- Unterschiedlich zu trauern ist okay!
- Ihr dürft dem anderen seinen Trauerweg erlauben und müsst ihn nicht verändern.
- Eigentlich wisst ihr ganz genau, dass der andere trauert, auch wenn er es nicht so offensichtlich zeigt.
- Ihr wisst, dass Frauen und Männer verschieden mit Trauer umgehen.
- Gut wäre, wenn ihr dem anderen keine Vorwürfe macht.
- Noch besser wäre, wenn ihr akzeptieren könntet, dass ihr beide mit eurem Schmerz verschieden umgeht.
- Ein Geschenk für eure Paarbeziehung ist es, wenn ihr den anderen nicht verändern wollt, sondern sein lasst.

Eure Beziehung benötigt jetzt viel Pflege. Gut wäre, wenn ihr euch nicht aus dem Blick verliert:

- Liebe benötigt hin und wieder ein Update, also kommuniziert offen und ehrlich, was ihr gerade vom anderen braucht.
- Seid geduldig miteinander und legt nicht jedes Wort auf die Goldwaage; während der Trauer ist die Zündschnur einfach kürzer.
- Redet über eure Gefühle, denn das gibt euch beiden die Gelegenheit, etwas vom anderen zu erfahren.
- Schenkt euch Anerkennung vor den Dingen, die ihr gerade „leistet“ und das sind eine Menge.
- Erlaubt euch innerhalb eurer Beziehung eigenen und gemeinsamen Raum, denn so könnt ihr (gemeinsam) wachsen. Lasst euch Freiraum, denn das macht über kurz oder lang zufrieden.
- Erlaubt euch, dass ihr das Leben auch wieder genießen dürft.

Was eurer Paarbeziehung nicht guttut

Dem anderen vorzuhalten, er würde „nicht trauern“ oder ihm wäre der Verlust „egal“, führt über kurz oder lang dazu, dass ihr euch immer mehr voneinander entfernt. Denn nicht nur einer von euch, sondern ihr beide habt euer Kind verloren. Ihr beide fühlt den Schmerz und ihr beide fühlt euch um euer Kind betrogen.

Es gibt allerdings einen kleinen naturbedingten Unterschied. Eine Frau erlebt den Verlust ihres Kindes unmittelbar, da sie es im Bauch trägt. Die Bindung an ihr kleines Wunder entwickelt sich bereits ab dem Tag, an dem sie erfahren hat, dass sie schwanger ist.

Für einen Mann wird ein Kind erst mit allen Sinnen erfahrbar, wenn es auf der Welt ist. Vorher kann er zwar den Bauch der Frau streicheln, mit dem ungeborenen Kind reden oder seine Bewegungen spüren. Er kann aber nicht das Gleiche erleben, was eine Frau während der Schwangerschaft spürt.

Ungefilterte emotionale Ausbrüche, verbunden mit Vorwürfen und Unterstellungen, sind etwas Trennendes und führen zu Verletzungen, die nur schwer heilen können. Könnt ihr nicht annehmen und verstehen, dass der andere seinen eigenen Trauerweg geht, dann wird euer Pflänzchen eingehen.

VERMISSEN – WIE IHR DIE TRAUER DER GESCHWISTER HALTEN KÖNNT

Stirbt eine nahe Bezugsperson, sind Eltern oft unsicher, wie sie sich ihrem Kind gegenüber verhalten sollen. Ob sie mit ihm schon über den Tod sprechen können oder ihrem Kind damit zu viel zumuten. Stirbt ein Geschwisterkind, ist dies eine Ausnahmesituation für die gesamte Familie. Nicht nur die Eltern verlieren ein Kind, auch die Geschwister verlieren einen für sie wichtigen Menschen. Was Kinder und Jugendliche brauchen und wie ihr für sie ein Leuchtturm sein könnt, lest ihr in diesem Kapitel.

Wie euer Kind den Verlust seines Geschwisterchens erlebt, ist abhängig vom Alter eures Kindes und der schon vorhandenen Bindung. Die Bindung an die kleine Schwester oder den kleinen Bruder beginnt ab dem Tag, an dem euer Kind vom Nachwuchs erfahren hat. Auch wenn euer Kind noch sehr klein ist, eines ist gewiss: Alle Familienmitglieder, auch ganz kleine, spüren bei einem Verlust, dass auf einmal etwas anders ist.

Kinder und Trauer sind in vielen Köpfen immer noch zwei Komponenten, die nicht zusammengehören. Und das ist sehr schade, denn entscheidend ist, dass Kinder altersentsprechende und kindgerechte Antworten über den Tod eines geliebten Menschen erhalten.

Kinder sind sehr feinfühlig und sie spüren, wenn es ihren Eltern nicht gut geht. Erhalten sie keine Antworten auf ihre Fragen, beziehen sie die Gefühle der Eltern auf sich, was zu Ängsten oder Schuldgefühlen führen kann. Kinder wollen erfahren, was mit ihren Eltern los ist. Und sie haben ein Recht darauf, dass sie ihre eigenen Gefühle kennenlernen dürfen und ihnen beigebracht wird, wie sie mit kleinen oder großen Trauergefühlen umgehen können.

Kinder in Trauer benötigen Leuchttürme

Einem Kind und vor allem seinem eigenen Kind mitteilen zu müssen, dass der Bruder oder die Schwester gestorben ist, setzt auf den eh schon schlimmen Schmerz noch einen Schmerz drauf. Und das tut ganz schön doll weh. Dennoch ist es notwendig, dass ihr mit eurem Kind über den Verlust redet und es mit seinen Fragen nicht allein lasst. Seid eurem Kind ein Leuchtturm, an dem es sich orientieren kann. Nur Mut, ihr macht das gut!

Als Familie zu trauern, schließt alle mit ein und niemanden aus. Es gibt Platz für alle möglichen Gefühle, Fragen, Gedanken und lässt niemanden mit seinen persönlichen Gefühlen, Fragen und Gedanken allein.

Wenn Kinder trauern, kann es auch passieren, dass sie von ihrer Trauer überwältigt werden. Das kann manchmal dazu führen, dass sich Eltern die Frage stellen, ob es richtig gewesen ist, so ehrlich mit ihrem Kind über den Verlust zu sprechen.

Wenn Kinder trauern, ist das die Lösung, um den Verlust zu verarbeiten. Auch euer Kind möchte seinen Weg finden dürfen.

Vermissen

Kennst du das Gefühl, wenn du jemanden, den du gerne hast, verlierst?
Ich habe meine kleine Schwester verloren. Ich weiß zwar, dass es ihr im Himmel besser geht, aber ich vermisse sie trotzdem.
Ich möchte mit ihr spielen und lachen, aber das geht nicht.
Ich liebe sie und trotzdem weiß ich, dass es ihr jetzt besser geht.
Es ist schmerzhaft, wenn man seine Schwester verliert und trotzdem gut zu wissen, dass sie sicher ist.

Für Lila, meine Schwester

Wie Kinder trauern

Kinder trauern je nach Alter bunter, denn die Gefühle der Kinder wechseln viel schneller als die der Erwachsenen. Gerade noch unsagbar traurig, kann ein Kind im nächsten Moment vielleicht schon wieder fröhlich lachen. Dieser Wechsel der Gefühle ist notwendig, denn ohne diesen könnte ein Kind die Situation nicht aushalten.

Deswegen benötigen Kinder auf ihrem Trauerweg dringend „Pausen“, in denen sie einfach nur Kind sein dürfen.

Kinder hüpfen in Trauerpfützen hinein und auch wieder heraus, hinein und wieder heraus …

Trauer und Tränen gehören genauso zusammen, wie Trauer und Lachen. Traurigkeit, Freude, Albernheit oder Wut wechseln sich bei Kindertrauer eben ab.

Auch Kinder werden durch den Verlust ihres geliebten Geschwisterchens massiv überfordert. Dies kann dazu führen, dass sich bei Trennungssituationen, zum Beispiel in der Kita oder Schule Ängste entwickeln. Manchmal zeigen Kinder auch Aggressionen, welche ein Ausdruck ihrer Traurigkeit sind.

Wie ein Kind auf den Tod reagiert, hängt von dem jeweiligen Entwicklungsstand ab und wie der Tod wahrgenommen wird. Ist ein Kind schon zu einem vorherigen Zeitpunkt unmittelbar mit dem Tod in Berührung gekommen, dann wird es diesen wohl eher begreifen.

„Ich war sehr traurig und konnte mich nicht auf die Schule konzentrieren, meine kleine Schwester war mir wichtiger.

Wir haben mit unseren Eltern den Sarg bemalt und das hat mir Spaß gemacht, aber ich bin dadurch auch sehr traurig geworden.

Ich konnte über den Tod meiner kleinen Schwester mit anderen sprechen, aber das hat mich auch immer so traurig gemacht.

Wenn ich heute an meine Schwester denke, dann ist da ein sehr schönes Gefühl.

Die Trauer hat sehr lange gedauert und das möchte ich nicht nochmal erleben."

Eine Schwester

Altersstufen und Trauer

Unter dreijährige Kinder erleben einen Verlust durch die traurige Atmosphäre, die auf einmal da ist. Sie spüren, dass sich um sie herum etwas verändert hat, und nehmen die Gefühle der Eltern wahr. Dies verunsichert sie, sodass sie wieder vermehrt Körperkontakt zu ihren Eltern suchen. In diesem Alter begreifen Kinder den Tod noch nicht als etwas Endgültiges, vielmehr erleben sie diesen als eine Form des kurzen Wegseins.

Was ein Kind von seinen Eltern und Bezugspersonen benötigt, ist Sicherheit. Und diese erfahren Kinder über Körperkontakt und Nähe. Ebenso benötigt ein Kind Antworten darauf, wenn es fragt, wann das Geschwisterchen wieder da ist. Und auch wenn euer Kind vielleicht noch nicht ganz genau versteht, was der Tod bedeutet, ist es trotzdem wichtig, dass ihr ehrlich zu ihm seid.

Kinder **zwischen drei und fünf Jahren** befinden sich in der sogenannten magischen Phase. In ihrer Fantasie können sie sich ihre Welt gestalten und auch Dinge ungeschehen machen. In diesem Alter haben Kinder erste vage Vorstellungen vom Tod und sind noch der Meinung, dass dieser nur etwas Vorübergehendes ist. Gleichzeitig glauben sie, dass der Tod rückgängig gemacht werden kann. Weil diese Entwicklungsphase so magisch und voller Fantasie ist, kann dies auch dazu führen, dass ein Kind die Schuld für das, was geschehen ist, bei sich sucht.

Manchmal rührt dies aus simplen Vorstellungen heraus, wie zum Beispiel, dass ein Kind sein Spielzeug nicht teilen wollte und sich deshalb nicht auf das Geschwisterchen gefreut hat. Euer Kind benötigt jetzt Antworten von euch, warum sein Geschwisterchen gestorben ist und gleichzeitig die Versicherung, dass es nichts falsch gemacht hat.

Kinder **zwischen sechs und neun Jahren** verstehen langsam, dass der Tod endgültig ist und alle Menschen irgendwann sterben. Dass sie selbst irgendwann sterben werden, können sie sich aber noch nicht vorstellen. In ihrer Vorstellung ist der Tod eine Person, zum Beispiel ein Skelett oder ein Geist. In diesem Alter haben Kinder viele Fragen zum Tod, denn sie wollen diesen ganz genau verstehen. Auch in diesem Lebensabschnitt kann es passieren, dass euer Kind nach eigenen Erklärungen für das, was geschehen ist, sucht. Umso wichtiger ist es, dass es von euch und von seinen Bezugspersonen Antworten auf seine Fragen erhält.

Kinder **zwischen zehn und zwölf Jahren** wissen um die biologischen Zusammenhänge und dass der Tod unwiderruflich ist. In diesem Lebensalter können Kinder ihre eigenen Gefühle wahrnehmen und sie reflektieren. Manche Kinder ziehen sich mit ihren Trauergefühlen zurück, andere drücken ihren Schmerz in Wut und Aggressionen aus, wiederum andere entwickeln körperliche Beschwerden. Die Trauer erleben sie heftig und diese kann zu Ängsten führen. Manche Kinder haben Angst, dass ihnen so etwas Schlimmes auch passiert. Begleitung der Gefühle und einen aufmerksamen Blick – das ist es, was euer Kind jetzt von euch braucht.

„Ich war sehr traurig, dass meine kleine Schwester gestorben ist, aber ich konnte nicht darüber reden. Ich wusste einfach nicht, was ich sagen soll.

Ich musste nicht viel weinen, aber es hat mich so traurig gemacht, wenn ich meine Eltern und meine Schwester gesehen habe.

Die Trauer hat gedauert, aber irgendwann ging es wieder.

Ich habe Gedichte für meine Schwester geschrieben, die mir geholfen haben.

Ich fand es schön, wo wir den Sarg bemalt haben und die regelmäßigen Besuche im Kinderhospiz mag ich auch sehr.

Zu meiner kleinsten Schwester habe ich genauso eine Beziehung wie zu meiner anderen Schwester, nur dass sie halt nicht mehr da ist."

Eine Schwester

Was Kinder brauchen

Früher war man der Meinung, dass es für ein Kind besser wäre, wenn es nicht mit dem Tod in Berührung käme. Der Tod gehört aber zum Leben dazu und wenn Kinder keine Informationen erhalten, dann können Ängste entstehen.

Schon kleine Babys spüren die Trauergefühle ihrer Eltern und mit dem Heranwachsen wollen Kinder einfach immer mehr wissen und verstehen. Deshalb ist es wichtig, dass euer Kind angemessene Informationen über den Tod seines Geschwisterchens erhält, denn es möchte ernst genommen und einbezogen werden.

Je nach Alter stehen auch Kinder vor Traueraufgaben und müssen lernen, den Tod zu begreifen, Gefühle auszuhalten, mit der Veränderung zu leben und eine andere Art der Beziehung zum Geschwisterchen zu finden. Gleichzeitig müssen sie aber auch noch ihre normalen Entwicklungsschritte weiter fortsetzen, was zusätzlich herausfordernd sein kann.

All das stellt euer Kind vor eine Herausforderung und es benötigt euch als Leuchtturm, um seine Trauer besser kennenzulernen. Es benötigt Vorbilder, die ihm zeigen, wie trauern geht und die es dabei unterstützen, seinen ganz eigenen Trauerweg zu finden.

Kinder brauchen Eltern, die ...

- ihnen erlauben, Abschied zu nehmen (zum Beispiel Verabschiedung vom Geschwisterchen, Teilnahme an der Beerdigung, Abschied nehmen von Wünschen und Hoffnungen),
- ihnen erlauben, dass sie über ihre Gefühle und ihren Schmerz sprechen dürfen und sie dabei liebevoll begleiten,
- ihnen erlauben, dass sie Trauerpausen einlegen dürfen und auch lachen und albern sein okay sind,
- ihnen erlauben, dass sie alle Fragen stellen dürfen, die sie haben und die Antworten geben,
- ihnen erlauben, sich an das Geschwisterchen immer wieder erinnern zu dürfen, zum Beispiel indem sie mit ihm sprechen.

Die richtigen Worte finden

Wie teilt man einem Kind mit, dass sein Geschwisterchen sterben wird oder schon zu den Engeln geflogen ist? Dies ist eine unbeschreiblich schwere Situation und genauso schmerzhaft wie die Mitteilung über den Tod des eigenen Kindes.

Als liebender Elternteil zu wissen, dass auch das Geschwisterchen Schmerz fühlen wird und die Gewissheit zu haben, es davor nicht schützen zu können, tut zusätzlich weh. Und doch ist es wichtig, dass ihr mit den Geschwistern über den Verlust sprecht und ihre Trauerbegleiter seid.

Je nach Alter benötigen Kinder ein gesundes Maß an Informationen. Hierbei ist wichtig, dass ihr kindgerechte Worte wählt und keine Angst vor den Emotionen eurer Kinder habt. Bekommen die Gefühle eures Kindes Raum, dürfen sein und werden begleitet, dann hilft es ihm dabei, sich selbst zu verstehen.

Redet ihr nicht über den Verlust, dann entsteht ein familiäres Tabu. Euer Kind gerät in eine Überforderung und muss selbst nach Erklärungen suchen. Nicht selten schreibt sich ein Kind dann die Schuld für das Geschehene zu.

Was eurem Kind helfen kann:

- Gut wäre, wenn ihr eurem Kind die Mitteilung gemeinsam überbringt. Ist dies aus einem oder verschiedenen Gründen, zum Beispiel Krankenhausaufenthalt, nicht möglich, dann ist es wichtig, dass einer von euch beiden mit ihm spricht.
- Die Mitteilung sollte an einem ruhigen, ungestörten Ort stattfinden, mit ausreichend Zeit für Fragen. Findet die Mitteilung beiläufig statt, erhält euer Kind zu wenig Informationen, was es überfordert.
- Seid offen und ehrlich, wenn ihr über den Tod sprecht. Erklärt vorsichtig, klar und kindgerecht, warum es dazu gekommen ist, zum Beispiel *„Der Körper deines Geschwisterchens war zu schwach und dann hat das Herz aufgehört zu schlagen.“*
- Bitte vermeidet, Tod und Schlaf miteinander zu vermischen, denn das kann dazu führen, dass sich bei eurem Kind Ängste entwickeln. Eine tote Person schläft nicht, sondern ihr Herz hat aufgehört zu schlagen.
- Nehmt euch viel Zeit für die Fragen, Ängste und Sorgen eures Kindes und hört ihm zu.
- Schenkt eurem Kind viel Geborgenheit und erlaubt ihm, über den Tod seines Geschwisterchens (auch mit anderen) zu reden.
- Seid echt, authentisch und zeigt euch mit eurer Trauer.
- Sprecht ihr offen mit eurem Kind über den Verlust, dann gibt ihm das Sicherheit. Seid ihr unsicher, sprachlos oder still, dann bezieht es eure Gefühle auf sich.
- Ihr könnt Gespräche nochmal nachbessern: Es ist nie zu spät, über den Verlust zu sprechen.

„Alles durfte und darf sein. Sie malen, erzählen von ihren Vorstellungen, fragen, was sie bewegt, lassen Luftballons mit Bonbons und Blümchen in den Himmel steigen. Er ist ein selbstverständlicher Teil unserer Familie."

Eltern

Lasst euer Kind seinen eigenen Trauerweg gehen

Euer Kind darf weinen, fröhlich sein, getröstet werden, Fragen stellen, wütend sein, lachen, Angst haben, mit anderen über den Verlust reden, albern sein, spielen, andere trösten, an andere Dinge denken und sich Zeit nehmen. Es gibt nämlich keinen Trauer-Knigge, an den sich euer Kind halten muss.

Viel wichtiger ist es, dass ihr euer Kind bestärkt und ihm erlaubt, seinen eigenen Trauerweg zu finden, denn es möchte nichts falsch machen. Auf diesem Weg darf euer Kind laufen, es darf hüpfen, es kann Pausen einlegen, vom Gras aus in den Himmel schauen, dabei singen oder traurig sein. Alles, was euer Kind macht, ist richtig.

Worte an euer Kind: Sei mutig und frei, teile deine Gedanken und sei mit vollem Herzen für dich da. Genieße jeden schönen Moment und weine jede Träne so sehr es nur geht. Wenn du tust, was du für richtig hältst und dich darauf einlässt, ist das der Moment, in dem Heilung entsteht.

Was trauernde Kinder brauchen:

- Sie brauchen Worte für und über den Verlust und dass die Erwachsenen ehrlich zu ihnen sind.
- Sie brauchen ausreichend Zeit, um den Verlust zu verarbeiten, denn auch Kinder haben ihr Päckchen zu tragen.
- Sie brauchen eine offene Kommunikation über den Schmerz mit ihren engsten Bezugspersonen, aber auch den Erzieher*innen oder Lehrer*innen.
- Sie brauchen eine starke und haltgebende Beziehung zu ihren Eltern, die ihnen auch Trost spenden.
- Sie brauchen Austausch über ihre Gefühle, Bedürfnisse und Nöte und die grundlegende Erfahrung von Geborgenheit.
- Sie brauchen positives Feedback im Alltag zur Stärkung ihres Selbstwertes, zum Beispiel *„Du machst das gut."*
- Sie brauchen haltgebende Beziehungen, die ihnen vertraut sind, zum Beispiel Freund*innen, Oma und Opa.
- Sie brauchen einen strukturierten Tagesablauf, der ihnen Verlässlichkeit und Sicherheit bietet.

Was eurem trauernden Kind helfen kann

Kinder haben eigene Erklärungsmuster. Informative **Kinderbücher** können eurem Kind bei der Verarbeitung des Verlustes helfen, denn sie ermöglichen ihm einen leichteren Zugang zu seinem inneren Erleben. Wenn ihr euch das Buch gemeinsam mit eurem Kind anschaut oder es ihm vorlest, könnt ihr im Anschluss darüber reden. Liebevolle und stärkende Kinderbücherempfehlungen findet ihr im Anhang am Ende dieses Buches.

Familienrituale schaffen Verbundenheit und vermitteln einem Kind, dass es mit seiner Trauer nicht allein gelassen wird. Findet eure eigenen, individuellen Rituale, zum Beispiel gestaltet gemeinsam Erinnerungskisten. Mehr dazu erfahrt ihr im nächsten Kapitel „Stärkende Familienrituale“.

Werden Kinder mit einbezogen, erfahren sie einen **erlebbaren Abschied** von ihrem Geschwisterchen. Bemalt, wenn euer Kind das möchte, zum Beispiel gemeinsam Steine, den Sarg oder die Urne und nehmt es mit auf die Beerdigung.

Ihr dürft eurem Kind eure Trauer zutrauen, denn es benötigt euch als Leuchtturm. Es wäre gut, wenn ihr euch im Alltag einen sicheren **Platz zum Trauern** schafft, wie zum Beispiel einen gemütlichen Ort in der Wohnung, aber auch tägliche Zeit.

Aufgaben und Handlungen helfen eurem Kind aus Ohnmachtsgefühlen heraus. Schaut euch zum Beispiel gemeinsam Fotos oder Erinnerungsstücke an und kommt darüber miteinander ins Gespräch. Ihr könnt euer Kind auch dazu ermutigen, sich ein kleines Fotobuch zu gestalten, was es immer bei sich haben kann, wenn es das möchte.

Hört eurem Kind zu und gebt seinen Gedanken und Fantasien Raum, ohne diese zu bewerten. Begleitet die Gefühle eures Kindes, indem ihr mit ihm darüber sprecht. Dadurch erhält euer Kind einen Zugang zu seinen Gefühlen und lernt sich selbst und euch besser zu verstehen.

Kleinen Kindern könnt ihr dabei helfen, ihre Gefühle auszudrücken, indem ihr sie spiegelt, zum Beispiel **Gefühle benennen**, Worte dafür finden (*„Ich sehe, dass du traurig bist“*). Ihr dürft authentisch sein und eurem Kind ruhig davon erzählen, dass ihr auch traurig seid (*„Ich bin auch traurig“*). Vermittelt eurem Kind Sicherheit, indem ihr ihm signalisiert, dass ihr es mit seiner Traurigkeit nicht alleine lasst (*„Ich bin für dich da“*).

Kinder benötigen für ihre Gefühle angemessene Ausdrucksmöglichkeiten, liebevolle und wertschätzende Begleitung.

„Nora wird, auch wenn ihre Stiefgeschwister sie nicht kennengelernt haben, bei uns zu Hause eingebunden. Wir haben ein Tablett auf dem Tisch stehen, jeder hat seinen Namen dort, Nora auch, damit wir unsere benutzten Gläser dort sammeln und nicht ständig frische Gläser nehmen, weil man sie nicht mehr zuordnen kann. Auf Noras Namen steht ihre Kerze."

Eine Mutter

Wie Jugendliche trauern

Die Pubertät ist eine aufregende, aber auch herausfordernde Zeit für Jugendliche. Sie befinden sich in einer Entwicklungsphase, in der unheimlich viel passiert, zum Beispiel die Ablösung von den Eltern, die vielen Hormone, von denen sie überflutet werden, und die körperlichen Veränderungen. Auf Jugendliche prasselt so viel ein. Dieser Lebensabschnitt ist gekennzeichnet durch ein wahres Gefühlschaos, welches sich auch in schwer nachvollziehbaren Reaktionen oder Konflikten mit den Eltern widerspiegelt.

Als wäre das Chaos der Gefühle nicht schon herausfordernd genug, kommen noch die schwer vorhersehbaren Reaktionen der Trauer hinzu, wenn ein Geschwisterkind stirbt. Wie ein Jugendlicher trauert, ist von verschiedenen Faktoren abhängig, zum Beispiel der Persönlichkeit und dem Temperament. Manche Jugendliche wollen reden, andere lieber schweigen, manche wollen wütend sein, andere ziehen sich zurück, wiederum andere verarbeiten ihre Gefühle über laute Musik.

Die Gedanken und Gefühle, die mit dem Verlust einhergehen, erleben Jugendliche häufig als überwältigend und deshalb werden sie oft verdrängt. Sie suchen sich vor allem bei ihren Freunden Unterstützung; weil diese aber noch keinen passenden Umgang mit Trauer haben, kann dies dazu führen, dass ein trauernder Jugendlicher seine Gefühle unterdrückt.

Was trauernden Jugendlichen helfen kann

Trauernde Jugendliche benötigen vor allem geduldige Gesprächspartner*innen, die sich nicht entmutigen lassen, immer wieder das Gespräch zu suchen. Geht auf euren Teenager zu und signalisiert, dass ihr für ihn da seid. Seid nicht traurig, wenn ihr mal einen Korb für ein Gespräch bekommt und respektiert die Entscheidung. In der Pubertät fällt es Jugendlichen nämlich gar nicht so leicht, über Gefühle zu sprechen, erst recht nicht mit den eigenen Eltern.

Geht in Beziehung und signalisiert, dass ihr da seid, denn auch Jugendliche brauchen für ihre Trauer einen Leuchtturm. Sie benötigen angemessene Informationen über den Tod des Geschwisterchens und Trauer-Vorbilder.

Jugendliche haben eigene Ausdrucksmöglichkeiten für ihren Trauerschmerz und dafür benötigen sie Verständnis. Durch zum Beispiel lautes Musikhören können sie ihre Gefühle rauslassen. Erlaubt eurem Teenager, dass er seine eigenen Ausdrucksmöglichkeiten nutzen darf.

Stärkende Familienrituale

Familienrituale helfen euch bei der Verarbeitung des Verlustes und geben euch die Möglichkeit, euren Schmerz auszudrücken. Sie spenden euch Trost und halten die Erinnerungen an euer Kind wach.

Durch Familienrituale könnt ihr euren Trauerprozess aktiv und vor allem gemeinsam gestalten und sie helfen euch durch die schwere Zeit. Durch Familienrituale lernt euer Kind von euch, dass der Tod etwas Schmerzhaftes ist, es lernt aber auch einen Umgang damit und dass euer Leben weitergeht.

Liebevolle Trauerrituale, die euch helfen können:

- Gestaltet gemeinsam als Familie für euer Kind eine **Kerze** mit oder ohne Namen. Jedes Familienmitglied darf seinen Teil der Kerze so gestalten, wie es gerne möchte. Vielleicht verbindet ihr mit eurem Kind ein Symbol oder ein liebevolles Zitat. Egal was es auch ist, lasst eurer Kreativität freien Lauf. Ist die Kerze fertig, stellt sie an einen schönen Ort und zündet sie jeden Tag an.
- Bemalt gemeinsam als Familie **Erinnerungssteine**. Ein Stein für Papa, ein Stein für Mama, ein Stein für das Geschwisterkind und ein Stein für euer Himmelskind.
- Schreibt gemeinsam ein **Erinnerungstagebuch**. Dieses muss nicht täglich geschrieben werden und jedes Familienmitglied entscheidet selbst, ob es etwas aufschreiben oder aufmalen möchte. Ihr könnt ein gemeinsames Tagebuch führen, müsst aber nicht. Es kann auch jeder von euch sein eigenes Tagebuch schreiben oder malen.
- Kauft euch schöne Holzkisten, die ihr zu **Erinnerungskisten** umgestaltet. Jedes Familienmitglied gestaltet seine eigene und ganz persönliche Kiste. Ihr könnt diese bemalen oder bekleben. Wenn ihr damit fertig seid, dann befüllt sie mit persönlichen Dingen,

zum Beispiel mit Fotos, Erinnerungsstücken, Wünschen, Botschaften, Sehnsüchten. Stellt die Kisten an einen sichtbaren Ort und schaut hinein, wenn ihr Sehnsucht verspürt.

- Schreibt einen **Brief,** ein **Gedicht** oder malt eine **Zeichnung** und schickt diese mit einem Luftballon in den Himmel. Ihr könnt diese auch an das Grab legen.
- Besucht gemeinsam das Grab eures Kindes oder einen Ort, den ihr mit ihm verbindet. Wenn ein Familienmitglied sich dazu entscheidet, dass es nicht mitgehen möchte, dann ist das okay.
- Sammelt im Urlaub **Steine** und schreibt den Namen eures Kindes darauf. Legt den Stein an eine schöne Stelle, zum Beispiel in die Dünen. Dadurch ist euer Kind überall dort, wo ihr seid.
- Baut eine kleine **Erinnerungsecke** mit Dingen, die euch an euer Kind erinnern.
- Lasst auf ein **Schloss** den Namen eures Kindes gravieren und hängt dieses Schloss an einer ganz besonderen Stelle auf. Dadurch bekommt euer Kind einen festen Platz in der Welt.
- Gestaltet **wichtige Tage**, zum Beispiel einen Himmelsgeburtstag, den errechneten Entbindungstermin, den Todestag oder Weihnachten. Diese Tage sind für alle nicht leicht, aber je mehr ihr die Gestaltung selbst in die Hand nehmt, umso besser könnt ihr vielleicht damit umgehen. In der Gemeinschaft zu trauern, kann stärken.

Die Großeltern-Trauer

Der Großeltern-Enkel-Bindung liegt häufig eine besondere Verbundenheit zugrunde. Das erste Mal oder erneut Großeltern werden zu dürfen, ist mit vielen Wünschen und Hoffnungen verbunden. Auch für eure Eltern ist der Verlust ihres Enkelkindes ein einschneidendes Lebensereignis, denn sie fühlen doppelten Schmerz.

Eure Eltern trauern nicht nur um ihr Enkelkind, sondern sie sehen und fühlen auch euren Schmerz. Sie bekommen mit, wie schlecht es euch geht und müssen zusehen, wie ihr eigenes Kind so etwas Trauriges erlebt.

„Ich versuche Worte zu finden, aber ich weiß nicht genau wie!

Als bekannt wurde, dass unsere Enkeltochter nicht gesund ist und sich die Eltern für das Kind entschieden haben, kam erst die Angst auf vor dem Ungewissen, was vor beiden liegt. Kurz nach der Angst wurde mir bewusst, wie stolz ich über die Entscheidung bin.

Als meine Tochter dann in die Klinik musste, meine Enkeltochter geboren wurde und die Nachricht kam, Mutter und Kind sind am Leben, war ich sehr, sehr erleichtert.

Was meine Tochter körperlich und seelisch leisten musste, tat mir sehr, sehr leid, natürlich auch ihr Partner und die Kinder.

Als wir unsere Enkeltochter in der Klinik besuchen durften, um sie kennenzulernen, diese besonderen Stunden, mit ihr, meiner Tochter und ihrer Familie, bleiben immer in meinem Herzen.

Ich bin froh, dass es Kinderhospize gibt und es für meine Tochter und meinen Schwiegersohn einen Platz mit ihrem Baby gab. Dass beide ihre Zeit mit ihrem Kind hatten, darüber bin ich froh.

Hilflos war ich mit Worten!

Ich kann in der Tat da sein!

Hoffnung, Geduld, Mitgefühl, Nachsicht, die Liebe zu den Menschen sehe ich durch die Trauer mit anderen Augen."

Ein Großvater

Auch ihre Wünsche und Hoffnungen, die mit eurem Kind verbunden waren, zerplatzten von jetzt auf gleich. Und auch an den anderen Familienmitgliedern, zum Beispiel Tanten, Onkels, Cousinen und Cousins geht so etwas nicht spurlos vorbei.

„Es kam die Nachricht vom Sohn, dass unsere Enkelin gestorben ist, ein Moment, der in uns eine Starre auslöste. Trotz dem Wissen, wie es um unsere Enkeltochter stand, liefen die Tränen und Hilflosigkeit machte sich breit. Langes Warten bis zur Beerdigung.

Wir tragen unsere Enkeltochter in unserem Herzen, als wäre sie noch unter uns. Eine Trauerbegleitung im Hospiz hat uns gezeigt, dass wir mit diesem ‚Schicksal' nicht allein sind."

Großeltern

Manchmal geschieht es, dass Großeltern aus ihrer eigenen Betroffenheit und Hilflosigkeit heraus kein angemessenes Verhalten zu ihren Kindern entwickeln können. Diese Situation ist nicht leicht für betroffene Eltern, weil sie zu Missverständnissen führen kann.

Auch bei den Großeltern sitzt der Schmerz tief, was viele von ihnen sprachlos werden lässt. Um den Stillstand in der Kommunikation zu beenden, ist es notwendig, einen Schritt aufeinander zuzugehen.

Wenn ihr so eine Situation kennt und sie euch belastet, dann sucht das Gespräch zu euren Eltern oder den Schwiegereltern. Es lohnt sich, Dinge anzusprechen und Missverständnisse aus der Welt zu schaffen.

Eure Eltern trauern wie auch ihr beide total verschieden und das ist ganz normal. Beide müssen für sich Wege finden, wie sie mit ihrer Trauer umgehen, mit eurem Trauerschmerz zurechtkommen und diesen emotional aushalten können.

„Als ich erfahren habe, dass ich nochmal Oma werde, in meinem Alter, da habe ich unbändige Freude entwickelt, weil es auch für mich eine große Chance war, nochmal in meiner Freizeit die kindliche Schönheit zu erfahren.

Und auch als bei meiner Enkeltochter eine Krankheit diagnostiziert wurde, habe ich gedacht, wir schaffen das schon als Familie und ich möchte meinen Beitrag dazu leisten.

Ich habe nicht eine Sekunde darüber nachgedacht, ehrlich, ich habe es wahrscheinlich verdrängt, dass sie sterben könnte. Als ich sie in der Klinik einmal sehen durfte, habe ich gedacht, das kann nicht sein. Das waren meine allertiefsten Ängste, so wie bei vielen anderen Menschen, und dann ist es passiert.

Ich war sehr traurig, aber das war alles noch viel doppelter oder dreifacher, weil ich meine Tochter, ihren Mann und die beiden Mädchen gesehen habe. Es war gut, dass ich funktionieren konnte und auf Arbeit gegangen bin.

Ich habe den Verlust von meiner Enkeltochter als extrem schmerzhaft empfunden und auch ewig gebraucht, im stillen Kämmerchen, das irgendwie für mich zu verarbeiten.

Ich war sehr, sehr, sehr in der Beobachtung wie es meiner Tochter und ihrer Familie geht.

Ich fahre oft ans Grab von meiner Enkeltochter und mein Glaube hat mir bei der Verarbeitung geholfen. Ich habe sie extrem vermisst und bin so froh, dass meine Enkeltöchter, mein Schwiegersohn und meine Tochter ihren Weg gefunden haben, wie sie mit dem Verlust umgehen.

Meine Enkeltochter bleibt für immer mein fünftes Enkelkind. Ich bin voller guter Gedanken an unsere Enkeltochter und sie ist ein großes Geschenk. Sie hätte es gut bei uns gehabt.

Ich habe oft eine große Ohnmacht und Hilflosigkeit gefühlt, weil man nichts machen konnte."

Eine Großmutter

KINDERWUNSCH, FOLGE-SCHWANGERSCHAFT & REGENBOGENBABY

Nach einem Verlust haben viele Eltern den sehnlichen Wunsch, noch ein Baby zu bekommen. Ein Geschwisterchen für das verstorbene Kind, was dieses nicht ersetzen, sondern vielmehr den Wunsch nach einem Kind erfüllen soll. Die Entscheidung für eine Folgeschwangerschaft oder ein weiteres Kind, ist nicht so einfach zu treffen. Was euch bei der Entscheidungsfindung helfen kann und wie ihr mit einer Folgeschwangerschaft umgehen könnt, lest ihr in diesem Kapitel.

Beschäftigt euch die Frage nach einem weiteren Kind? Fragt ihr euch, wie viel Zeit vergehen muss bis zu einer erneuten Schwangerschaft? Zermürbt euch der Gedanke, ob ihr den Geschwisterkindern eine erneute Schwangerschaft zumuten könnt?

Wenn es um das Thema einer Folgeschwangerschaft geht, tauchen viele Gedanken auf. Es wäre gut, wenn ihr euch diese erlaubt und für euch Antworten findet.

Für eine erneute Schwangerschaft reicht es nicht aus, dass nur der Körper geheilt ist. Es ist notwendig, dass ihr auch psychisch in der Lage seid, euch für ein weiteres Kind zu öffnen. Je bewusster ihr also euren Trauerweg gegangen seid, umso gestärkter werdet ihr aus ihm hervorgehen und könnt euch für die Bindung an ein weiteres Kind öffnen. Ein Kind, welches nach einem Verlust geboren wird, nennt man Regenbogenbaby.

- Vielleicht steht ihr beide gerade vor einer Weggabelung und fragt euch, wo und wie euer Weg weitergeht?
- Vielleicht treffen unterschiedliche Meinungen aufeinander und ihr wisst noch nicht, wie ihr damit umgehen könnt?

Mut tut der Paarbeziehung gut

Eine Folgeschwangerschaft ist für euch beide nicht leicht, denn sie ist mit vielen Sorgen und Ängsten verbunden. Die Angst davor, dass euch so etwas Schlimmes noch einmal passieren könnte oder die Sorge darum, ob ihr einen weiteren Verlust gemeinsam übersteht.

Ein mutiges Gespräch über eure Gedanken, Gefühle und Wünsche ist nicht leicht und doch so wichtig für euch beide. Durch ein Gespräch könnt ihr euch eure Ängste und Sehnsüchte mitteilen. Dadurch werdet ihr vom anderen etwas erfahren, was für die Entscheidungsfindung hilfreich sein wird.

Zu hören, warum der andere vielleicht Angst vor einer erneuten Schwangerschaft hat, kann dazu führen, dass ihr auch in diesem Zusammenhang ein tiefergehendes Verständnis füreinander entwickelt. Es ist wichtig, alle Beweggründe für oder gegen eine erneute Schwangerschaft zu kennen, damit ihr gemeinsam entscheiden könnt, wo und wie euer Weg weitergeht.

Was euch dabei helfen kann, ein gutes Gespräch zu führen

- Das Gespräch über eine erneute Schwangerschaft solltet ihr nicht zwischen Tür und Angel führen. Es wäre gut, wenn ihr euch dafür ungestörte Zeit einplant. Das Gespräch muss aber auch keine Stunden dauern.
- Wertvoll wäre es, wenn ihr euch eure Beweggründe für oder gegen eine erneute Schwangerschaft ehrlich mitteilt. Und eines ist ausschlaggebend: Ihr müsst noch keine Entscheidung treffen.
- Wenn ihr unterschiedlicher Meinung seid, dann hört euch die Worte vom anderen erstmal nur an, ohne weiterzudenken und sie zu bewerten. Vermeidet Vorwürfe und Verallgemeinerungen.
- Verabredet nach eurem Gespräch, wie ihr bei der Entscheidungsfindung weiter vorgehen möchtet und wie lange der Gedanke zeitlich reifen darf.

Was euch bei der Entscheidungsfindung helfen kann

Neben einem guten Gespräch hilft es auch, sich das Thema einmal „ins Bild“ zu holen: **Visualisierungen** machen Dinge sichtbar, veranschaulichen, wirken tiefer und bringen euch ganz schnell zu euren eigenen Gefühlen.

In meiner Praxis arbeite ich gerne mit der Übung „(Ver-)Bindungsinseln“. Diese eignet sich perfekt dafür, wenn ihr vor der Frage steht: Wollen wir noch ein Kind oder nicht? Ihr könnt diese Übung auch bei allen anderen Themen nutzen, bei denen es um eine Entscheidung geht.

Wenn ihr die Übung gemeinsam ausprobiert, dann muss noch keine Entscheidung fallen. Vielmehr soll sie euch dabei helfen, tiefer in die verschiedenen Entscheidungen hineinzuspüren. Die Übung wird nachwirken und euch ein guter Wegweiser sein.

Übung (Ver-)Bindungsinseln

Nehmt euch ein paar Schnürsenkel, Seile oder alternativ Stift und Papier und legt bzw. malt 3 Brücken, die zu euren Entscheidungsinseln führen. Die Inseln könnt ihr anhand von Kreisen darstellen, wählt hierfür verschiedene Farben.

Es gibt 3 mögliche Entscheidungsinseln:
- Folgeschwangerschaft
- Keine Folgeschwangerschaft
- Wir brauchen mehr Zeit für eine Entscheidung.

Wenn die Namen der Inseln für euch so noch nicht passen, dann könnt ihr sie ändern, denn es soll sich für euch stimmig anfühlen. Alternativ könnten die Inseln auch Zeitvorgaben oder ganz andere Themen beinhalten, wie zum Beispiel Adoption. Geht miteinander ins Gespräch und überlegt gemeinsam, welche Namen eure Inseln tragen dürfen.

Schritt 1:
Entscheidet euch für eine Brücke im Hier und Jetzt, mit der ihr beginnen wollt, um zur ersten Entscheidungsinsel zu gelangen. Seid ihr gedanklich auf der Insel angekommen, dann geht miteinander in Verbindung und spürt nach, wie es euch mit der Entscheidung geht.

Überlegt gemeinsam und besprecht folgende Fragen:
- Wie geht es euch mit der gefallenen Entscheidung nach einem Monat? Spürt mal rein und achtet dabei auf die Reaktionen eures Körpers. Wie fühlt es sich an, diesen Weg zu gehen, zum Beispiel leicht, schwer, richtig, falsch? Was nehmt ihr im Körper wahr, zum Beispiel ein Drücken im Bauch, Last auf den Schultern, ein Gefühl von Wärme in der Herzregion? Was sind Vor- oder Nachteile von dem Weg?

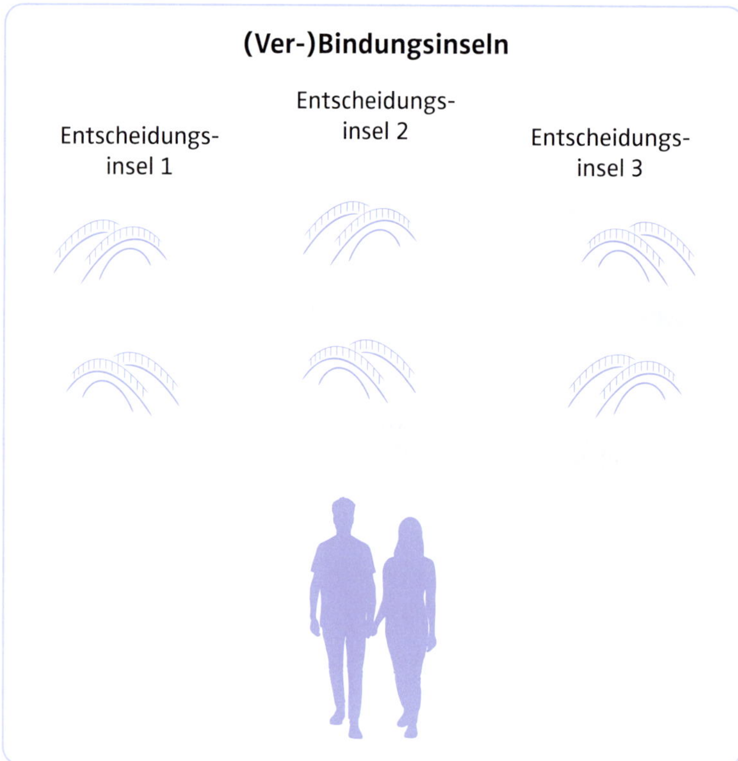

Die Übung (Ver-)Bindungsinseln

Schritt 2:
Geht über die nächste Brücke und spürt nach, wie sich die Entscheidung nach einer gewissen Zeit anfühlt. Wie geht es euch ein halbes Jahr nach der gefallenen Entscheidung? Was nehmt ihr in euch wahr? Was sind Vor- oder Nachteile?

Schritt 3:
Lauft zur nächsten Insel weiter und spürt in euch hinein, wie es euch drei Jahre nach der gefallenen Entscheidung geht. Entsteht

eventuell ein gedankliches Zukunftsbild? Was nehmt ihr wahr? Was sind Vor- oder Nachteile?

Lauft gemeinsam über alle Brücken und zu euren Entscheidungsinseln. Spürt in euch hinein, wie es euch mit den verschiedenen Inseln geht. Wenn ihr mit einem Seil arbeitet, dann könnt ihr die Inseln auf den Boden legen und die Brücken tatsächlich ablaufen.

Wenn ihr auf allen drei Entscheidungsinseln gewesen und die Brücken abgelaufen seid, dann lasst euch von eurer Intuition leiten und stellt euch gemeinsam oder jeder einzeln an eine von ihnen. Diese Entscheidung ist vorerst eine Momentaufnahme und noch nicht in Stein gemeißelt.

Gut wäre, wenn ihr die Übung etwas nachwirken lasst und in ein paar Tagen nochmal darüber sprecht.

Das sagt der Kopf

Nach einem Verlust ist keine Schwangerschaft mehr unbeschwert und leicht. Die Gedanken fahren Achterbahn und die Angst sitzt ganz vorne im ersten Abteil. Eure belastenden Erfahrungen, die Angstgefühle, die Trauer um euren Verlust und eure Verletzlichkeit führen zu innerlichem Stress. Euch wurde das Liebste genommen, was eine große Leere hinterlassen hat.

Je tiefer das Loch, umso mehr Kraft werdet ihr benötigen, um den Verlust zu verarbeiten. Vielleicht zweifelt ihr an manchen Tagen und habt euer Vertrauen ins Leben und in eure Körper verloren. Vielleicht fragt ihr euch auch, wie ihr je wieder ins Vertrauen kommen könnt nach dem, was euch widerfahren ist?

Wieder in sich und das Leben zu vertrauen, kann man versuchen zu lernen. Nehmt euch alle Zeit der Welt, die ihr braucht, um innerlich heilen zu können. Heilung ist möglich, wenn es für die Verarbeitung genug Raum gab. Es ist möglich, wieder in sich, seinen Körper und das Leben zu vertrauen.

Sei nicht so streng zu dir. Deine negativen Gedanken sind gerade ganz schön hartnäckig. Es wird einfach ein wenig dauern, bist du liebevollere erschaffen hast. Du machst das gut!

„Am Anfang hatten wir immer gemischte Gefühle. Neben der puren Freude war aber auch die Angst ein ständiger Begleiter. Gerade in der letzten Schwangerschaft habe ich versucht, viel zu vertrauen und immer, wenn mein Kopf gezweifelt hat, habe ich versucht, auf mein Bauchgefühl zu vertrauen.

Von Anfang an hat unsere kleine Maus uns immer das Zeichen gegeben: Ich komme und ich bleibe bei euch, auch wenn sie es dann sehr eilig hatte und in der 30. Schwangerschaftswoche zur Welt kam. Mir als Frau fiel es in der Hinsicht um einiges leichter, als ich unsere Kleine zum ersten Mal gespürt habe. Mein Mann hat eine ganze Zeit lang gebraucht, um sich voll dem Vertrauen hinzugeben. Die Liebe war zwar da, aber dennoch schwang noch sehr lange die Angst des Verlustes mit. Erst mit dem ersten Schrei unserer kleinen Maus waren die Ängste weg.

Wir sind immer offen mit diesem Thema anderen gegenüber umgegangen. Auf Nachfragen haben wir ab dem ersten Zeitpunkt anderen davon erzählt, dass wir wieder schwanger sind. Hätten wir das in all den Schwangerschaften nicht getan und die Schwangerschaften nur für uns behalten, dann hätte nie jemand von unseren Verlusten und unserer Trauer erfahren. So hatten wir zum Beispiel das Verständnis der anderen, wenn wir mal nicht auf Familienfeiern erschienen sind, da wir gerade erst wieder eine Fehlgeburt hatten.

Für uns ist jetzt, vier Monate nach der Geburt unserer Tochter, immer noch unbegreiflich, wie viel Glück wir haben, dass wir tatsächlich jetzt ein Kind in unseren Armen halten können. Es bleibt jeden Tag ein Wunder und es wird für uns niemals selbstverständlich sein. Wir sind jeden Tag dankbar dafür."

Eltern

Was bei Folgeschwangerschaften helfen kann

Folgeschwangerschaften werden häufig unterschätzt, umso wichtiger ist es, dass ihr gut für euch sorgt. Ihr müsst eure Ängste nicht allein aushalten. Ihr dürft euch Unterstützung suchen und euch mit anderen austauschen. Neben dem bzw. der Gynäkolog*in kann euch auch eine liebevolle Hebamme durch die Schwangerschaft begleiten, die euch stärkt und mit euch über eure Ängste spricht. Wartet deshalb nicht zu lange und nehmt am besten schon in der Frühschwangerschaft Kontakt zu ihr auf.

Vielleicht hilft es euch dabei, wieder ins Vertrauen zu kommen, wenn ihr die alte Geburtsakte vom Krankenhaus anfordert und mit eurer Hebamme besprecht, was damals passiert ist. Das nochmalige Besprechen des Geburtsvorgangs kann manchmal innere Blockaden lösen.

Einen anderen Geburtsort zu wählen oder sich ganz bewusst für eine andere Form der Geburt zu entscheiden, kann euch helfen, damit das Vertrauen in eine Folgeschwangerschaft wächst.

Es gibt Geburtsvorbereitungskurse für Sternenkindeltern in der Folgeschwangerschaft und auch bei Beratungsstellen findet ihr

Unterstützung. In vielen Städten gibt es Selbsthilfegruppen, wo ihr euch mit anderen betroffenen Eltern vernetzen und austauschen könnt. Austausch mit Menschen, die das Gleiche erlebt haben, kann unheimlich stärken.

Alles, was euch guttut, ist richtig.

„Wir haben uns nach Noras Tod relativ schnell mit dem Thema auseinandergesetzt, noch einmal ein Kind zu bekommen, da dir niemand sagt, ob und wann und wie es mit einer Schwangerschaft klappt.

Die Schwangerschaft an sich war nicht gerade einfach. Die Ärzte haben deutlich häufiger und genauer geguckt. Ich war häufiger bei der Frauenärztin und bei der Pränataldiagnostik. Die Geburt war ein absolutes Highlight, da aufgrund der Kürze gesagt wurde, dass ich einen Kaiserschnitt haben werde. Das hat dem Baby und mir überhaupt nicht gefallen, sodass er zwei Wochen zu früh selbst den Ausgang gewählt hat.

Ich habe mich währenddessen so sehr auf ihn gefreut. Im Gesicht hat er einen riesigen Storchenbiss zwischen den Augenbrauen, der wie ein Herz aussieht. Wir sind uns ziemlich sicher, dass Nora ihren Beitrag für die Folgeschwangerschaft und alles drumherum geleistet hat."

Eltern

So findet ihr zurück ins Vertrauen

Misstrauen tut eurer Psyche nicht gut und schürt Ängste und Zweifel. Nehmt euch täglich etwas Zeit für euer Vertrauen, um es zu stärken.

Was euch dabei helfen kann, zurück ins Vertrauen zu finden:

Seid dabei offen und probiert verschiedene Dinge aus, denn nur so könnt ihr herausfinden, was euch im Alltag stärkt und was zu euch passt.

- **Entspannungstechniken** wie zum Beispiel Atemübungen, Autogenes Training, Progressive Muskelentspannung (PMR) oder Meditationen können euch im Alltag stärken, weil sie euch dabei helfen, Stress zu regulieren und zu entspannen. Ebenso helfen sie euch, mit Ängsten umzugehen (lies dazu auch im Kapitel „Dünnhäutigkeit und was dagegen hilft"). Es gibt auch pränatale Yogakurse für schwangere Frauen.
- **Bewegung und Sport** lenken von negativen Gedanken ab, denn sie machen den Kopf frei. Wenn ihr euch sportlich betätigt, baut ihr Stress und Anspannung ab.
- **Positive Botschaften** sind stärkende, klar und positiv formulierte Sätze, die zum Ziel haben, dass das Unterbewusstsein mit neuen Informationen versorgt wird. Ein selbstbejahender Satz, der eure Gedanken umprogrammieren darf.

Eure Gedanken beeinflussen euren Körper und negative Gedanken tun euch nicht gut. Positive Botschaften können euch im Alltag dabei helfen, wieder zurück ins Vertrauen zu finden. Beachtet beim Formulieren der Botschaft, dass der Satz in der Gegenwart, in Ich-Form und auf einer positiven Wortwahl basiert. Fühlt euch bei der Wahl der positiven Botschaften an euch selbst frei und werdet kreativ.

Wählt eine oder mehrere Botschaften aus, die zu euch passen und sagt sie euch jeden Morgen laut vor. Alternativ könnt ihr diese auch immer wieder aufschreiben, gedanklich vor euch hersagen oder auf einen Zettel schreiben, wo ihr sie oft seht.

Beispiele für positive Botschaften:
„Ich lerne, meinem Körper und mir zu vertrauen."
„Ich lasse negative Gedanken weiterziehen."
„Ich lenke meine Aufmerksamkeit auf das Positive in meinem Leben."
„Ich lerne, meine Schwangerschaft zu genießen."
„Ich bin eventuellen Wendungen meiner Schwangerschaft gewachsen."
„Ich höre auf meine Intuition."

Das sagt die Medizin

Neben der Frage, ob ihr euch für eine erneute Schwangerschaft entscheidet, stehen häufig weitere Fragen: Wie lange abwarten nach einer Geburt? Und was tun, wenn die Ängste überhandnehmen?

Interview mit Gynäkologin Miriam M. Mottl

Zur Klärung dieser Fragen gibt die Gynäkologin und Kinderwunschärztin Miriam M. Mottl Auskunft.

Wie lange sollte eine Frau nach einer kleinen oder stillen Geburt abwarten, bevor sie erneut schwanger wird? Wie lange sollte man generell abwarten nach einer Geburt?

Die Weltgesundheitsorganisation (WHO) empfiehlt nach kleinen oder fortgeschrittenen stillen Geburten mindestens 6 Monate abzuwarten bis zu einer neuen Schwangerschaft, um dem Körper genug Zeit zu geben, damit er sich erholen kann.

Neuere Studien empfehlen nach einer kleinen Geburt mindestens 3 Monate abzuwarten. War eine Schwangerschaft schon weiter fortgeschritten, ist eine längere Wartezeit erforderlich, denn auch nach einer stillen Geburt befindet sich eine Frau im Wochenbett. Der Körper benötigt circa 9 Monate für die Rückbildung.

Was können Frauen für sich tun, damit die Folgeschwangerschaft nicht ausschließlich voller Angst und Panik ist?

Eine Folgeschwangerschaft ist herausfordernd für eine Frau und deshalb benötigt sie besondere Begleitung. Gut wäre, wenn sie ihre Ängste und Sorgen mit dem bzw. der Gynäkolog*in teilt und nicht für sich behält.

Weiß der bzw. die Gynäkolog*in darum, dann kann diese noch mehr auf die Frau eingehen und zum Beispiel flexible Termine mit ihr vereinbaren. Zusätzlich können auch mit der Hebamme flexible Hausbesuche vereinbart werden.

Eine Gynäkologin kann Fragen und Unsicherheiten mit einer Frau besprechen und ihr Mut machen. Nehmen die Ängste überhand, dann empfiehlt sich eine psychologische Begleitung während der Folgeschwangerschaft.

Manche Eltern wollen oder können sich bei einer Folgeschwangerschaft nicht von Beginn an auf diese emotional einlassen. Dafür gibt es einen Grund, denn sie schützen sich aus Angst vor einem neuen Verlust. Sich nicht von Anfang an auf die Bindung zum Kind einzulassen, erspart keinen Schmerz. Wenn Eltern das Risiko einer emotionalen Bindung zum Kind wagen, dann wird die Folgeschwangerschaft häufig unkomplizierter und leichter erlebt.

Wenn der Kinderwunsch unerfüllt bleibt

Es gibt verschiedene Gründe, weswegen ein Kinderwunsch unerfüllt bleibt. Neben medizinischen Aspekten kann es auch sein, dass sich nur ein Partner gegen eine weitere Schwangerschaft entscheidet, und das ist keine leichte Situation für eine Paarbeziehung. Hat ein Partner einen Kinderwunsch und der andere nicht, dann steht da ein ziemlich großes Thema zwischen beiden.

Betrifft euch das, dann wäre es wertvoll, wenn ihr über die Beweggründe sprecht, die einfach da sind und gehört werden möchten. Schafft ihr das nicht allein, dann holt euch professionelle Begleitung, zum Beispiel eine Paarberatung.

Sind medizinische Gründe die Ursache dafür, dass ein Paar kinderlos bleibt, geht das einher mit vielen Selbstzweifeln. Diese können zermürben und belasten die Beziehung. Ein unerfüllter Kinderwunsch ist immer eine große emotionale Belastung und kann zu einer Lebenskrise führen. Eine bittere Erfahrung, die mit Schmerz und Trauer verbunden ist. Es ist traurig, wenn man einen Wunsch loslassen muss. Das tut weh und es braucht die Achtung davor.

Was euch in dieser Situation helfen kann:

- Sucht Kontakt zu anderen betroffenen Paaren, zum Beispiel über eine Selbsthilfegruppe und tauscht euch aus. Vertrauensvolle Gespräche mit Menschen, die das Gleiche erleben, können entlasten, aber auch Zuversicht und Halt geben.
- Schenkt eurer Trauer Beachtung und verleiht ihr Ausdruck. Es ist notwendig, dass ihr sie ernst nehmt und für eure Trauergefühle sorgt.

- Hört einen Podcast oder lest einen Ratgeber zu diesem Thema.
- Sucht euch professionelle Begleitung durch zum Beispiel eine/einen Psychotherapeut*in, Berater*in oder bei einer Beratungsstelle in eurer Nähe. Auch eine Online-Begleitung ist möglich.

„Man fühlt sich, als hätte der Körper versagt und einen in Stich gelassen und jede neue Schwangerschaftsverkündigung macht einen im ersten Moment traurig, bevor man sich mit den anderen freuen kann. Man fühlt sich, als ob man nicht imstande wäre, die angeblich einfachste Sache der Welt zu verrichten. Als ob man stehen bleibt und die anderen einfach weitergehen.

Wir haben versucht, den Sinn des Lebens nicht auf Kinder zu generieren, sondern haben für uns nach einem Weg gesucht, auch ohne Kinder ein glückliches und erfülltes Leben zu führen. Dazu gehörte für uns zum einen die Entwicklung des Plan B, wie unser Leben ohne Kinder aussehen würde und zum anderen haben wir eben Dinge gemacht, die uns erfüllen. Wir haben uns selbst einen Camper ausgebaut und haben die Liebe zur Musik für uns neu entdeckt und herausgefunden, dass wir zusammen schon super funktionieren.

Irgendwann haben wir festgestellt, dass Kinder eigentlich nur noch die Kirsche auf der Sahnetorte wären. Wir sind zu zweit schon komplett und freuen uns, wenn noch jemand in unser Leben kommt und wenn nicht, ist auch das vollkommen okay. Unsere Sternenkinder behalten wir immer im Herzen."

Eltern

EURE PAARBEZIEHUNG IST EINZIGARTIG

Wenn ihr gerade erst euer Kind verloren habt, ist es noch zu früh für dieses Kapitel, denn dann sind bei euch erstmal andere Themen dran. Da Trauer aber etwas sehr Individuelles ist und sich bei jedem Menschen anders gestaltet, dürft ihr entscheiden, wann für euch der richtige Moment ist. In diesem Kapitel erfahrt ihr, wie ihr es schafft, eine neue gemeinsame Vision zu finden.

Dieses letzte Kapitel des Buches beschäftigt sich mit eurer Beziehungsgeschichte von der Vergangenheit bis hin in Richtung Zukunft. Es kann stärken, wenn man als Paar auf seine gemeinsame Zeit zurückschaut und bemerkt, was man schon alles zusammen erlebt hat. Welche Meilensteine zusammen gefeiert und welche Umwege gemeinsam gegangen wurden. Auch der gemeinsame Blick in Richtung Zukunft ist etwas, was euch in eurer aktuellen Situation tragen kann.

Am Anfang des Buches habe ich eine Paarbeziehung mit einem Diamanten verglichen. Dieser darf ruhig Ecken und Kanten haben. Er muss nicht perfekt rund abgeschliffen sein. Das Schönste an einem Diamanten sind seine Farbe und die Art, wie er im Inneren funkelt. Beides wird erhalten bleiben, wenn man sorgsam mit ihm umgeht.

Was für ein Paar seid ihr gewesen?

Genau wie ein Diamant ist eure Paarbeziehung einzigartig und besonders. Schaut doch mal in die Vergangenheit und denkt an die Zeit vor eurem Verlust zurück, was glaubt ihr, was für ein Paar seid ihr gewesen?

Seid ihr gerne gereist, wart ihr abenteuerlustig, konntet ihr schnell Kompromisse schließen? Hattet ihr gleiche Werte, habt ihr viel zusammen unternommen oder konntet ihr zusammen lachen? Wart ihr lebhaft oder eher ruhig, konntet ihr miteinander reden, wart ihr gesellig oder lieber für euch allein? Hattet ihr gemeinsame Hobbys, wart ihr laut oder eher leise?

Was für eine Paarbeziehung habt ihr geführt und wie sah euer Paar-Diamant aus?

Überlegt gemeinsam:

- Welche Farbe hatte euer Paar-Diamant?
- Wie viele Ecken und Kanten hatte er und wie seid ihr damit umgegangen?
- Wie habt ihr eure Liebe gepflegt und was würdet ihr von damals in eure jetzige Paarbeziehung übernehmen? Und was nicht?

Es kann sein, dass sich die Farbe eures Paar-Diamanten verändert hat und das würde auch passen, da ihr euch ja auch verändert habt. Gut zu wissen wäre, wie euer neuer Diamant aussehen darf. Welche Farbe soll er tragen und womit verbindet ihr diese?

Eure Beziehungsgeschichte

Im Alltag vergisst man manchmal, welche Geschichte man als Paar eigentlich schon miteinander geschrieben hat. Umso schöner ist es, wenn ihr euch etwas Raum für eure gemeinsame Zeit nehmt. Für eure Liebe, die ihr miteinander teilt und die gerade viel tragen muss.

Es kann unheimlich stärkend sein, sich bewusst zu machen, welchen Weg man schon miteinander gegangen ist.

Überlegt gemeinsam:

- Wenn ihr die Zeit etwas zurückdreht und auf eure Beziehung schaut, welche Gedanken kommen euch dann?
- Wo habt ihr euch kennengelernt?
- Wer hat wen angesprochen und was hat euch am anderen fasziniert?
- Wo hattet ihr eure erste Verabredung? Wer hat als erstes einen weiteren Schritt gemacht?
- Wie habt ihr den Alltag miteinander bewältigt?
- Auf welche Meilensteine in eurer Beziehung schaut ihr zurück?
- Wie habt ihr Krisen gemeistert?
- Worauf könnt ihr bauen?
- Wofür schlägt euer Herz?

Nehmt euch etwas Zeit für eure Paarbeziehung und sprecht über die Fragen. Es kann sich sehr schön anfühlen, wenn man hört, was der bzw. die andere über die einzelnen Fragen denkt.

Jede Liebe ist einzigartig und bringt neben ganz viel Zauber auch Herausforderungen mit sich. Allgemein ist zu sagen, dass Höhen und Tiefen zu Paarbeziehungen dazugehören. An Tiefen kann man in den meisten Fällen arbeiten und wachsen, wenn man bereit dazu ist.

Alle Paare durchlaufen während ihrer Beziehung verschiedene Beziehungsphasen und die Übergänge von einer Phase in die nächste können herausfordernd sein für eine Paarbeziehung.

In der Verliebtheitsphase lernt sich zum Beispiel ein Paar kennen. Beide sehen sich gegenseitig durch eine rosarote Brille, alles am anderen scheint perfekt zu sein. Egal wie intensiv die Verliebtheitsphase auch war, sie wird irgendwann nachlassen. Das ist normal, wenn der Alltag langsam einkehrt.

Ohne den Blick durch die rosarote Brille sehen sich Partner*innen auf einmal viel klarer und in der Phase der Ernüchterung erhalten beide die Chance, sich noch besser kennenzulernen. Die Entwicklungsaufgabe für ein Paar liegt nun darin herauszufinden, ob sich aus Verliebtheit mehr entwickeln kann.

Nach der Verliebtheitsphase werden die Unterschiede der Partner*innen schnell deutlich. Diese werden im Laufe der Beziehung auch nicht wieder verschwinden, sondern immer Gesprächsthema bleiben. Partner*innen können jetzt auf ihre Rechte bestehen oder klagen. Sie können sich streiten, bekämpfen oder angreifen. Sie können aber auch einen anderen Weg wählen und den anderen so annehmen wie er ist, auch wenn das nicht immer so ist, wie wir es gerne hätten.

Wie ihr Krisen gemeistert habt

Paare durchlaufen während ihrer Beziehung gleich mehrere charakteristische Phasen und in jeder Phase gibt es besondere Aufgaben, die ein Paar bewältigen darf. Sich immer wieder auf etwas Neues einzustellen, heißt, bisher Gewohntes und Eingespieltes loszulassen, damit sich Neues entwickeln kann.

Krisen sind immer auch eine Chance, an der eine Beziehung wachsen kann, denn das Bewältigen partnerschaftlicher Entwicklungsaufgaben bewirkt, dass die Liebe einfach noch tiefer wird.

Kleinere oder manchmal auch etwas größere Krisen sind nichts Untypisches für eine Paarbeziehung und gehören eben einfach auch in einem gewissen Maße dazu. Ihr beide habt in eurer gemeinsamen Zeit schon andere Entwicklungsaufgaben zusammen bewältigt, auch wenn diese nicht ansatzweise so schwer waren wie die aktuelle Situation.

Überlegt gemeinsam:

- Wie habt ihr in der Vergangenheit Krisen gemeistert?
- Wie seid ihr dabei vorgegangen?
- Wer hat den ersten Schritt gemacht und wer ist nachgekommen?
- Was hat euch geholfen, eine Krise zu bewältigen?

Wenn ihr die Fragen zusammen besprochen habt, dann schöpft aus den Antworten. Das, was euch damals bei der Bewältigung einer Krise geholfen hat, kann euch jetzt auch helfen.

Was für ein Paar möchtet ihr werden?

Um die Exklusivität eurer Paarbeziehung zu pflegen, solltet ihr wissen, wie diese in Zukunft aussehen soll. Und damit ihr euch ein Bild von den Wünschen des anderen machen könnt, wäre es gut, diese zu kennen.

Nach so einem großen Verlust, den ihr erlebt habt, werden Stolpersteine auf eurem Beziehungsweg liegen. Das ist normal und gehört dazu. Um die Stolpersteine aus dem Weg zu räumen, sollte jeder von euch klar ansprechen, was er vom anderen braucht.

Überlegt gemeinsam:

- Was tut eurer Liebe gut und hält sie lebendig?
- Welche Pläne beflügeln die gemeinsame Zukunft?
- Welche eingefahrenen Beziehungspfade dürft ihr verlassen, um Neues auszuprobieren?

Was gute Paarbeziehungen ausmacht

Da wäre zum einen die **Akzeptanz**, dass der andere nun mal anders ist und das so sein darf. Ein wohlwollender Blick auf die Gegensätze zwischen den Partnern, die es in jeder Paarbeziehung gibt.

Eine gute und vor allem **achtsame Kommunikation**, in der beide Partner sich mitteilen, aber auch zuhören. Konstruktivität, denn destruktiver Streit und eine destruktive Kommunikation sind ungesund für jede Beziehung.

Zweisamkeit leben, die mit echter Nähe, einem liebevollen Miteinander und Intimität verbunden ist.

Selbstfürsorge, was bedeutet, dass sich jede*r Partner*in allein um seine oder ihre Bedürfnisse und Wünsche, persönlichen Themen und die Themen in seinem bzw. ihrem Rucksack kümmert und nicht den anderen dafür verantwortlich macht. Selbstreflexion ist wertvoll, um selbst der bzw. die ideale Partner*in zu sein.

Anerkennung, Wertschätzung und ein **wohlwollender Blick** auf den anderen.

Zufriedenheit und die Bereitschaft, sein Glück nicht vom anderen abhängig zu machen, sondern es in seine eigenen Hände zu nehmen.

Eine neue gemeinsame Vision finden

Es wird der Zeitpunkt kommen, an dem ihr ein ganz zartes Gefühl spüren werdet, was euch auf die Zukunft aufmerksam machen möchte. Vielleicht löst dieses zarte Gefühl die Frage bei euch aus, wohin euer Weg führen darf. In ein verändertes Leben zu starten mit Wünschen und gemeinsamen Vorstellungen.

In der Trauer ist es für eine Zeit lang heilsam, sich erstmal treiben zu lassen, ohne eine genaue Vorstellung von der Zukunft zu haben. Zuerst ist es notwendig, den Trauerschmerz zuzulassen, damit die Verarbeitung eures Verlustes in Bewegung kommt.

Es wird einen Punkt auf eurem Trauerweg geben, an dem wisst ihr, jetzt ist es an der Zeit, nach vorne zu schauen. Vertraut dabei ganz auf eure Intuition, denn ihr werdet den Punkt bemerken.

Der vertrauensvolle Blick in die Zukunft bringt immer auch Erwartungen mit sich. Über Erwartungen können Paare stolpern, vor allem dann, wenn sie unausgesprochen bleiben.

Überlegt gemeinsam:

- Wie soll sich euer Leben in Zukunft anfühlen?
- Wer wollt ihr als Paar sein?
- Welche Werte sind euch für eure gemeinsame Zukunft wichtig?
- Was macht eure Beziehung so besonders und einzigartig?

Gemeinsame Zukunftspläne sind notwendig für eine Paarbeziehung und sehr nährend. Wenn ihr gerade etwas Zeit habt und der Meinung seid, dass ihr einen kleinen Blick in die Zukunft wagen wollt, dann lohnt es sich, da mal gemeinsam hinzuschauen.

Neben einem guten Gespräch, bei dem ihr die vorangegangenen Fragen besprechen könnt, kann an dieser Stelle auf eurem Weg auch eine Übung ein hilfreicher Wegweiser sein. Nehmt euch etwas Zeit dafür.

Übung „Unser Zukunftsbild"

Nehmt entweder ein Seil, einen Schnürsenkel oder alternativ einen Stift und ein Blatt Papier. Legt oder malt eine Linie von der aktuellen Situation, in der ihr euch befindet, in Richtung Zukunft. Die Linie symbolisiert einen Zeitstrahl bzw. euren Weg.

Stellt euch gedanklich an euren Weg mit Blick in Richtung Zukunft. Dabei steht einer auf der linken und einer auf der rechten Seite des Weges. Wenn ihr mit einem Seil arbeitet, legt dieses auf den Boden. Stellt euch an das Seil.

Schritt 1:
Fühlt mal in die Frage hinein: Wie weit schaue ich bzw. schauen wir in die Zukunft? Was möchte ich bzw. möchten wir in naher oder in ferner Zukunft noch erleben?
Was sind eure Ziele, eure Träume?
Geht die Fragen nacheinander durch und notiert euch die Antworten. Schreibt die Antworten entweder direkt auf das Papier an euren Weg und auf eure jeweilige Seite oder notiert sie auf kleinen Notizzetteln mit unterschiedlichen Papierfarben. Die Notizzettel legt ihr neben die Seile oder Schnürsenkel.

Schritt 2:
Legt die Zettel mit den Zielen so aus, dass sie nach nahen und fernen Zielen sortiert sind. Das heißt, dass ihr die Zettel so an die jeweilige Seite auf euren Weg legen dürft, dass die nahen Ziele in der baldigen Zukunft und die ferneren weiter hinten in der Zukunft liegen.

Habt ihr alle Ziele oder Wünsche notiert, dann sprecht darüber: Was wünscht sich jeder von euch beiden für die Zukunft? Was möchte jeder von euch erleben, nachholen, angehen, wiederaufleben lassen oder eventuell neu aufnehmen? Beispiele: Reisen, neues Hobby, Wohnung umgestalten, Tanzkurs, wieder arbeiten gehen, weniger arbeiten gehen ...

Schritt 3:
Sortiert eure Zukunftspläne nach:
1. Gemeinsamen Zielen – diese landen in der Mitte auf dem Seil, der Linie oder dem Schnürsenkel.
2. Persönlichen Zielen – diese bleiben auf der jeweiligen Seite.

Schritt 4:
Wenn ihr einen gemeinsamen Blick in die Zukunft gewagt habt, dann besprecht miteinander, wann ihr als Paar und wann jeder für sich weiter Schritte in Richtung Zukunft gehen möchte. Hört dabei immer auf eure Intuition, denn sie wird euch sagen, wann es der richtige Moment ist.

Unser Zukunftsbild

Achtet auf das Positive – die Schatzkiste eurer Paarbeziehung

Das menschliche Gehirn nimmt negative Erfahrungen viel schneller wahr als positive. Es benötigt mindestens 20 Sekunden Aufmerksamkeit für eine positive Erfahrung, um sich diese als Erinnerung einzuprägen. In Paarbeziehungen kommt es nicht selten vor, dass Partner*innen den Blick für das Positive verlieren.

Häufig wissen Partner*innen sehr genau, was in der Vergangenheit alles schiefgelaufen ist und nicht selten resultieren daraus auch Vorhaltungen. In einer Beziehung läuft aber nie immer nur alles schlecht. Es gibt immer auch Ausnahmen und deshalb lohnt es sich, den Blick auf das Positive in der Paarbeziehung zu lenken.

Überlegt gemeinsam und besprecht die nachfolgenden Fragen:

- Was läuft gut in eurer Beziehung und darf so bleiben wie es ist?
- Weshalb fühlt es sich so gut an, dass ihr zusammen seid?
- Was möchtet ihr in eurer Beziehung gerne bewahren?
- Auf welche Erlebnisse, Erfahrungen und erlebten Meilensteine in eurer gemeinsamen Zeit schaut ihr mit Stolz zurück?

Es tut so gut vom anderen zu hören, was er an der Beziehung schätzt. Wofür er dankbar ist und was er gerne bewahren möchte. Es stärkt und beflügelt.

Jede Paarbeziehung hat ungenutzte Schätze, die oft unbeachtet bleiben und entdeckt werden dürfen. Eine verbindende Kraft, die euer Miteinander noch mehr bereichert und eure Beziehung nährt. Vielleicht sind es Gemeinsamkeiten, die bei euch ein Wir-Gefühl auslösen. Vielleicht ist es aber auch etwas anderes, was euren Diamanten zum Funkeln bringt.

Der Blick auf eure gemeinsame Paargeschichte und darauf, welchen Weg ihr schon miteinander gegangen seid, hat eine starke Wirkung. Sich bewusst zu machen, was ihr zusammen als Paar schon alles erreicht, gemeistert und erlebt habt, wirkt unheimlich verbindend.

In eurer Schatzkiste befinden sich mit großer Sicherheit kostbare Glanzstücke. Nehmt euch etwas Zeit und öffnet sie.

Wenn ihr einen gemeinsamen Blick auf die Glanzstücke und Schätze eurer Beziehung geworfen habt, dann notiert sie auf einem Zettel. Sammelt den Zettel in einer schönen kleinen Kiste und stellt sie an einen gut sichtbaren Ort, wo ihr sie immer sehen könnt. Und immer dann, wenn ihr neue Glanzstücke und Schätze gefunden habt, schreibt sie auf einen Zettel und füllt die Schatzkiste eurer Beziehung. Übrigens wirkt es sehr stärkend, sich in regelmäßigen Abständen die Zettel gemeinsam durchzulesen.

Schritt für Schritt, nicht gleich der ganze Weg

Einen Verlust zu verarbeiten, ist ein Prozess und ich wünsche euch, dass ihr euch die Zeit dafür nehmt, die ihr braucht. Einen Trauerweg zu gehen, setzt voraus, dass man weiß, wo er entlangführt, und ich wünsche euch, dass ihr mutig seid und euch auf die Suche danach macht.

Damit ihr am Ende des Trauerweges ankommt, dürft ihr an Orten, die euch stärken, verweilen, um den nächsten Schritt zu schaffen. Und manchmal muss man eben auch ein paar Schritte zurückgehen.

Einen gemeinsamen Trauerweg zu gehen, bedeutet, dass jeder auch mal abbiegen darf, um sich zu stärken und ich wünsche euch, dass ihr euch das erlaubt.

Liebe ist nachsichtig.

NACHWORT: ZUSAMMEN DURCH DEN SCHMERZ

Wenn ihr das Buch bis hierhin gelesen habt, dann wisst ihr jetzt, was alles zur Trauer dazugehört und wie sie sich gestalten kann. Auf den vergangenen Seiten gab es Impulse, Übungen und Erfahrungsberichte von anderen Eltern. Ich hoffe, irgendetwas davon konntet ihr für euch nutzen und hat euch auf eurem Weg weitergebracht.

Niemand kann euren Trauerweg für euch gehen, denn das könnt nur ihr beide. Nur ihr zwei habt in der Hand, ob eure Wege auseinandergehen werden oder ihr zusammen in Richtung Zukunft lauft.

Wege können auch mal steinig sein und wie schon einmal erwähnt, manchmal ist man auch auf Umwegen unterwegs. Das ist im Grunde kein größeres Problem, weil ausschließlich der Blick in die gleiche Richtung zählt. Schaut ihr immer wieder mutig nach vorne und räumt hinderliche Steine aus dem Weg, dann ist das der Moment, in dem Wachstum entsteht.

Gemeinsam als Paar zu wachsen, zieht jede Menge Kraft und ist doch so entscheidend für alles Weitere, was kommt. In einem bekannten Spruch heißt es, dass der Schlüssel zum Glück von innen steckt. Ihr beide entscheidet, wann und ob ihr ihn umdrehen wollt.

DANKSAGUNG

Danke an meinen tollen Mann Michael und meine zauberhaften Kinder für die Unterstützung bei diesem Buch. Das war ein großer Herzenswunsch von mir.

Ich möchte mich bei all den Menschen bedanken, die meine Familie und mich durch die schwerste Zeit unseres Lebens begleitet haben. Die einen Schritt auf uns zu und nicht einen Schritt zurückgegangen sind. Danke fürs Tränen trocknen, Rücken freihalten, zusammen Trauern, Zuhören, Praxis aufrechterhalten, Mut machen, THEKLA® weiterführen, die Unterstützung beim Buch, über Lila sprechen dürfen, auf andere Gedanken bringen und Nachfragen wie es uns geht.

Danke Petra und Dieter Bielesch, Ute Schwarz, Wolfgang Tanz, Manuela Bielesch, Rene Kaufmann, Lilly, Hanna, Sandra und Niels Gutsell, Hagen, Gunnar, Katrin Lanewsky, Steffen Kretschmer, Hedda, Sandra Rost (Lotte), Gundula Göbel, Claudia Nehl, Prof. Dr. Juliane Zinner, Carolin Beyer, Manuela und Dave Pospich, Timon, Janin Rinke, Ines Heinemann, Peggy Kurdinat, Andrea Frei-Koch, Ilka Fritsch, Kathleen Pfeiffer, Anne Rech, Frauke Ludwig, Nicole Diekmann, Judith und Flo Biemüller, Viola Rabold, Dorothea Subh ...

Ich möchte mich beim gesamten Team vom Kinderhospiz Bärenherz in Leipzig bedanken, weil wir mit Lila dort sein durften. Wir sind sehr dankbar dafür, auch dass wir immer wieder an diesen Ort zurückkommen dürfen. Danke, dass Sie uns ermöglicht haben, dass wir uns so liebevoll von unserem Kind verabschieden durften.

Ein besonderer Dank geht an Sie, Schwester Maria Polster, für Ihre Unterstützung und Ihre wundervolle Art. Ihr großes Herz hat uns gutgetan, die Welt braucht mehr Menschen wie Sie.

Danke an dich, Mark Wachsmann vom humboldt Verlag, dass du mir die Möglichkeit gegeben hast, dass ich dieses Buch schreiben durfte. Für den Feinschliff am Text möchte ich mich gerne bei meiner Lektorin Petra Nitsche bedanken.

Ein weiterer Dank geht an Inke Hummel und an die Expertin Miriam M. Mottl für den medizinischen Input im Buch. Bei Gundula Göbel und Prof. Dr. Juliane Zinner möchte ich mich auch nochmal an dieser Stelle für die Unterstützung im Buch bedanken. Eure Tipps und inhaltlichen Gedanken zum Thema waren sehr bereichernd. Auch, wenn schon oben in der Danksagung getan, möchte ich mich nochmal bei den Frauen, Männern, Großeltern und Geschwistern bedanken, die ihre Erfahrungen im Buch geteilt haben. Ihr seid großartig!

LITERATURVERZEICHNIS

Hinweis: Die Seilübungen im Buch sind in Anlehnung an die Lebensflussmethode entstanden.

Achenbach, Thomas: Männer trauern anders, Patmos Verlag, 2019

Brisch, Karl Heinz: Schwangerschaft und Geburt: Bindungspsychotherapie – Bindungsbasierte Beratung und Therapie, Klett-Cotta Verlag, 4. Auflage, 2013

Brodersen, Hanna: Dich durch mein Herz sehen, tologo Verlag, 2018

Göbel, Gundula: Schrei nach Geborgenheit, Briefgestöber, 2. Auflage, 2013

Göbel, Gundula; Stöckel, Uli: Mein Geheimnis – Ein Bilderbuch um Trauer, Schuld, Liebe und Versöhnung, Stöckel & Göbel Picturebook, 2017

Prof. Dr. Heller, Jutta: Resilienz. 7 Schlüssel für mehr innere Stärke, Gräfe und Unzer Verlag GmbH, 2021

Kast, Verena: Sich einlassen und loslassen, Herder, 24. Auflage, 2014

Kern, Tita; Rinder, Nicole; Rauch, Florian: Wie Kinder trauern: Ein Buch zum Verstehen und Begleiten, Kösel; 3. Auflage, 2020

Lothrop, Hanna: Gute Hoffnung, jähes Ende: Fehlgeburt, Totgeburt und Verluste in der frühen Lebenszeit. Begleitung und neue Hoffnung für Eltern, Kösel, 1995

Meissner, Brigitte: Emotionale Narben aus Schwangerschaft und Geburt auflösen, Meissner, Brigitte Verlag, 3. Auflage, 2020

Nemetschek, Peter: Systemische Familientherapie mit Kindern, Jugendlichen und Eltern. Lebensfluss-Modelle und analoge Methoden, Klett-Cotta, 2006

Paul, Chris: Schuld – Macht – Sinn: Arbeitsbuch für die Begleitung von Schuldfragen im Trauerprozess, Gütersloher Verlagshaus, 6. Auflage, 2021

Paul, Chris: Ich lebe mit meiner Trauer, Gütersloher Verlagshaus, 2. Auflage, 2021

Reddemann, Luise: Imagination als heilsame Kraft, Klett Cotta, 22. Auflage, 2016

Schwarz, Anja; Schwarz, Aljoscha: Muskelentspannung nach Jacobsen, BLV Buchverlag GmbH & Co. KG, 6. Auflage, 2013

Worden, J. William: Beratung und Therapie in Trauerfällen, Hogrefe AG, 5. Auflage, 2017

Anlaufstellen und Informationen

Trauer

Der Bundesverband Trauerbegleitung vermittelt euch eine Trauerbegleitung in eurer Stadt.
www.bv-trauerbegleitung.de

Bundesverband „Verwaiste Eltern und trauernde Geschwister in Deutschland“
www.veid.de

Selbsthilfegruppen für Eltern von Sternenkindern oder früh verwaisten Eltern. Im Internet findet ihr konkrete Ansprechpartner*innen aus eurer Region.

Beratungsstellen

Psychotherapeut*innen

Trauerangebote im Kinderhospiz, zum Beispiel Erinnerungsnachmittag

„Trauer braucht ein Gegenüber“, bei Trosthelden findet ihr eine Trauerfreundschaft:
www.trosthelden.de

(Online-)Rückbildungskurse für Sternenkindmamas, zum Beispiel bei Hebamme Dorothea Subh, Leere Wiege Kurse

Telefonseelsorge – Bundesweit gleiche Telefonnummer, kostenlos, Tag und Nacht erreichbar:
Tel.: 0800 1110111 oder 0800 1110222

Auf www.thekla.de findet ihr Paarberatung in eurer Umgebung oder online.

Das TrauerKaleidoskop von Chris Paul https://trauerkaleidoskop.de

Kindertrauer

Bosse, Ayse; Klammt, Andreas: Weil du mir so fehlst, Carlsen Verlag, 14. Auflage, 2016

Göbel, Gundula; Stöckel, Uli: Mein Geheimnis – Ein Bilderbuch um Trauer, Schuld, Liebe und Versöhnung, Stöckel & Göbel Picturebook, 2017

Pongritz, Daniela: Ohne Worte – Eine berührende Bildergeschichte für Sternenkind-Geschwister, BoD – Books on Demand, 2. Auflage, 2020

Trost-Tiger: www.trost-tiger.de

Geschwisterangebote im (Kinder-)Hospiz

Trauerland – Zentrum für trauernde Kinder und Jugendliche e.V. www.trauerland.org

Onlineberatung für trauernde Jugendliche und junge Erwachsene www.youngwings.de

Nummer gegen Kummer – Kinder- und Jugendtelefon 116111, Elterntelefon: 0800/1110550

Selbsthilfe

Podcasts, zum Beispiel von Subh, Dorothea – Sternenkindliebe; Kempkes, Christine – Liebevoll trauern

ÜBER MICH

Ich bin Paartherapeutin und führe eine therapeutische Praxis für Sprache, Bindung & Beziehung in Weimar, wo ich mit meiner Familie lebe. Bei meiner Arbeit höre ich viele Beziehungsgeschichten und bewundere es, wenn Paare den Mut aufbringen, diese mit mir zu teilen.

Es ist nicht immer leicht, eine erfüllte Paarbeziehung zu führen, aber ich bin auch der Meinung, wenn Liebe zur Baustelle wird, dann ist das noch lange keine Sackgasse. Ich glaube daran, dass liebevolle Beziehungen und starke Bindungen der Schlüssel zu einem erfüllten Leben sind. Ich weiß aber auch, dass Beziehungen nicht immer einfach sind und manchmal Unterstützung benötigen, um wieder auf den richtigen Weg zu kommen.

Ich leite zudem die anerkannte private Bildungseinrichtung THEKLA®, die für Bindung und Beziehungen steht, und habe sie 2018 gegründet. Unsere Ausbildungen sind erlebnis-, bedürfnis- und bindungsorientiert (www.margabielesch.de).

Die heilsame Kraft des Schreibens

- Für Menschen, die ihre Trauer ausdrücken und ihren Gefühlen Raum geben möchten
- Mehr als ein Trauerratgeber: mit großem Fundus an Schreibimpulsen
- Das Buch liefert zahlreiche Ansätze, um Gefühle, Gedanken und Sorgen niederzuschreiben, zuzulassen und zu verarbeiten – basierend auf Erfahrungen aus Trauerbegleitungen und -gruppen

Stand 2023. Änderungen vorbehalten.

Iris Willecke

Wie aus Trauer Liebe und Dankbarkeit wird

176 Seiten
14,5 x 21,5 cm, Softcover
ISBN 978-3-8426-4232-4
€ 19,99 (D) · € 20,60 (A)

Der Ratgeber ist auch als eBook erhältlich.

humboldt

...bringt es auf den Punkt.

Bibliografische Information der Deutschen Nationalbibliothek
Die Deutsche Nationalbibliothek verzeichnet diese Publikation in der deutschen Nationalbibliografie; detaillierte bibliografische Daten sind im Internet über https://dnb.de abrufbar.

ISBN 978-3-8426-1714-8 (Print)
ISBN 978-3-8426-1715-5 (PDF)
ISBN 978-3-8426-1716-2 (EPUB)

Abbildungen:
PER MEDIEN & MARKETING GmbH,
Diamant-Symbol: stock.adobe.com/Comauthor

Originalausgabe

Die Ratgebermarke der Schlütersche Fachmedien GmbH
Hans-Böckler-Allee 7, 30173 Hannover
www.humboldt.de
www.schluetersche.de

Lektorat: Petra Nitsche, Bremen
Covergestaltung: ZERO, München
Covermotiv: Shutterstock/buzzbee, Kindlena
Satz und Grafiken: PER MEDIEN & MARKETING GmbH, Braunschweig
Druck und Bindung: gutenberg beuys feindruckerei GmbH, Langenhagen